오늘 피구 시합 할까?

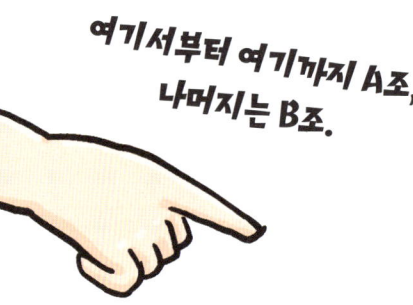

찬소리 탈출 연구소

❷

이기규 글 * 지은 그림

나사 풀린 체력을 키워라

학교 수업을 마치고 찬이와 자영이는 풀이 죽어 집으로 향했다.

"운동 좀 하라는 말, 정말 듣기 싫어!"

"맞아! 운동은 도대체 왜 해야 하는데?"

"어! 저게 뭐지?"

자영이 말에 맞장구를 치던 찬이가 뭔가를 발견하고 손가락으로 가리켰다. 자영이가 손가락을 따라 눈길을 돌리자 커다란 나무가 눈에 들어왔다.

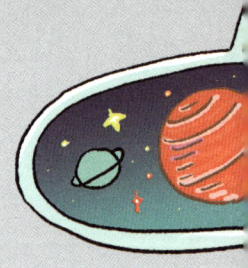

차례

프롤로그 왜 이렇게 체력이 약해? ········· 4

1 나사 풀린 체력 ········· 12
　아토의 체력 연구실 1 체력이란?

2 슈퍼 기어의 선택을 받다 ········· 28
　아토의 체력 연구실 2 기초 체력 키우기

3 가만히 앉아만 있으면 순발력이 꽝! ········· 44
　아토의 체력 연구실 3 순발력 키우기

4 군것질만 하면 근력이 꽝! ········· 60
　아토의 체력 연구실 4 근력 키우기

5 자세가 나쁘면 유연성이 꽝! ········· 74
　아토의 체력 연구실 5 유연성과 평형성 키우기

6 스마트폰만 들여다보면 협응력이 꽝! ········· 88
　아토의 체력 연구실 6 협응력 키우기

7 꾸준히 뛰지 않으면 심폐 지구력이 꽝! ········ 102
아토의 체력 연구실 7 심폐 지구력 키우기

8 나를 지키는 힘, 정신력 ········ 116
아토의 체력 연구실 8 정신력 키우기

9 우주 올림픽 최종 우승자는 누구? ········ 126

10 좋은 습관이 건강한 나를 만든다 ········ 140

작가의 말 포기하지 않는 마음이 중요해요 ········ 146

잔소리탈출연구소 ❷ 등장인물

구찬이

움직이는 것도 먹는 것도 다 귀찮아하고, 운동은 더더욱 귀찮아해서 별명이 '귀찮이'인 4학년 남자아이. 좋아하는 건 오로지 가만히 누워서 스마트폰 하는 것. 또래 아이들보다 말랐고, 늘 기운이 없다.
피자영은 유치원 때부터 같이 놀던 유일한 친구.

피자영

세끼를 모두 피자로 먹을 수 있을 만큼 피자를 좋아하는 4학년 여자아이. 페퍼로니피자, 고구마피자, 마르게리타 피자 등 모든 종류의 피자를 좋아한다. 피자 다음으로 좋아하는 건 집에서 뒹굴뒹굴하는 것. 또래보다 덩치가 커서 삐쩍 마른 찬이와 다니는 게 신경 쓰인다.

크노발

고릴라 행성인 프록시마b 행성의 지배자.
우주 올림픽에서 메달을 따지 못한
행성을 힘으로 지배할 계획을 세운다.
다른 행성인들보다 더 크고
무시무시한 몸집을 지녔지만,
지난 대회에서 아토에게 밀려
은메달을 땄다. 이번 대회에서는
반드시 금메달을 따려고
이를 갈고 있다.

아토

잔소리탈출연구소에서 아이들의 체력을
키우기 위해 지구에서 몇백 광년 떨어진
카토 행성으로부터 특별히 초청한 특별 비밀 요원.
태어날 때부터 놀라운 체력을 가진 카토 행성인들
가운데서도 아토는 특별히 뛰어난 체력을
지니고 있다. 엄청난 노력파라 쉬지 않고
운동을 하며 운동 능력을 키워 왔고,
자신의 운동 방법을 알려 주는 것을 좋아한다.
우주 올림픽에 나가 두 번이나 금메달을 땄다.

1 나사 풀린 체력

"와, 여기 엄청 넓다!"

잔소리탈출연구소 안으로 들어선 찬이가 주변을 둘러보며 말했다. 연구소는 운동장만큼 넓었고 온통 하얀 벽으로 둘러싸여 있었다. 있는 거라곤 연구소 중앙의 하얀 직육면체 탁자와 그 위에 놓여 있는 컴퓨터뿐이었다.

"뭐야, 아무것도 없잖아. 잔소리에서 어떻게 탈출시켜 주는 거지?"

자영이가 실망한 눈빛으로 주변을 둘러보았다.

"가만, 저 컴퓨터에 뭔가 적혀 있는데?"

찬이가 가운데 놓인 컴퓨터에 다가갔다. 화면에 다음과 같은 글씨가 떠 있었다.

여러분이 탈출하고 싶은 잔소리를 마음껏 입력하세요!

"잔소리를 여기다 치면 되는 건가 봐."
"그냥 쓰기만 하면 되나?"

자영이도 흥미를 느꼈는지 눈을 반짝였다.

"피구 좀 못한다고 같은 편에 안 끼워 주려고 하다니! 피구 못하면 사람도 아니야?"

찬이가 타닥타닥 키보드를 눌렀다. 그걸 본 자영이도 재빨리 잔소리를 입력했다.

"점심시간에 많이 먹는다고 뭐라 하고, 간식 먹는다고 또 뭐라 하고. 많이 먹으면 좀 어때?"

"맞아, 하루 종일 스마트폰만 보지 말고 운동 좀 하라고? 으, 제발 날 좀 가만히 놔두면 안 돼?"

"공부할 때도 놀 때도 자세가 왜 중요한 거야? 난 내 맘대로 하고 싶다고!"

"운동은 체육 시간에 하면 됐지, 왜 또 해야 해?"

두 친구는 서로 번갈아 가면서 친구들과 어른들이 퍼붓던 잔소리를 컴퓨터 화면 가득 입력했다. 지긋지긋한 잔소리를 쓰다 보니 답답한 마음이 뻥 뚫리는 것 같았다.

"이 정도면 되었겠지?"

자영이의 물음에 찬이가 씩 웃으며 고개를 끄덕였다. 자영이는 이 잔소리가 모두 사라지길 바라는 마음을 담아 눈을 꼭 감고 엔터 키를 힘차게 눌렀다.

그러자 컴퓨터 화면에 수많은 낯선 글자가 떠오르면서 한참 동안 복잡한 계산을 하는 것처럼 보였다. 찬이가 흥분해서 외쳤다.

"와, 뭔가 작동이 되는 것 같아!"

드디어 화면에 다음과 같은 글씨가 나타났다.

이번 잔소리를 탈출하기 위해서는 특별한 해결책이 필요함.

그러더니 컴퓨터 화면이 팟 하고 꺼졌다.

"뭐야? 우리 잔소리는 해결할 수 없다는 건가?"

자영이가 눈을 크게 뜨고 모니터를 주먹으로 내리쳤다.

"야, 그러다가 망가지면 어떡해?"

찬이가 황급히 자영이를 말렸다. 갑자기 컴퓨터 화면이 다시 팟 하고 켜졌다.

특별한 잔소리 탈출을 위해 특별 비밀 요원을 초청함.

"특별 비밀 요원? 그게 뭐지?"

찬이가 주춤주춤 뒤로 물러섰다.

그때였다. 건물이 크게 흔들리며 우우웅! 하는 커다란 소리가 들리기 시작했다.

"어어, 건물이 무너지는 거 아니야?"

찬이가 주저앉아 몸을 웅크렸다. 겁이 난 자영이도 컴퓨터를 꽉 잡았다.

"마, 맙소사!"

순간 밝은 오렌지색 빛이 번쩍였다. 두 친구는 깜짝 놀라 엉덩방아를 찧었다.

"하하하! 야옹야옹! 만나서 반갑습니다, 지구인!"

쾌활한 목소리가 연구소에 울려 퍼졌다. 찬이와 자영이가 정신을 차려 보니 무언가가 공중에 둥둥 떠 있었다. 점점 두 사람에게 다가오는 무언가를 보고 찬이와 자영이의 눈이 커졌다.

"고, 고양이?"

"고양이라니요, 야옹! 카토 행성에서 온 아토입니다. 우주 올림픽 금메달리스트이기도 하죠!"

아토가 정색하며 말했다. 아토의 은색 우주복 가슴 부분엔 고양이 마크가 그려져 있었다.

"잔소리탈출연구소에서 특별히 저한테 연락을 해 왔습니다. 여러분의 문제는 제가 해결해 줄 수 있으니까요."

"운동해라, 살 빼라 같은 잔소리에서 정말 탈출시켜 줄 수 있어요?"

자영이가 물었다.

"야옹, 당연합니다!"

아토가 큰 소리로 대답했다. 찬이가 여전히 의심스러운 듯 물었다.

"어떻게 해결할 수 있는데요? 사람들이 잔소리할 때마다 안 들리게 하는 장치라도 주는 거예요?"

아토는 꼬리를 둥글게 말고 빙글빙글 돌며 대답했다.

"그런 건 필요 없습니다, 야옹! 두 어린이가 잔소리에서 탈출할 방법은 딱 하나! 바로, 체력을 기르는 것입니다!"

아토는 그 말을 마치고는 넓은 연구소 안을 이리저리 휘릭휘릭 뛰어다녔다. 그러더니 자기 키보다 두 배쯤 되는 높이를 뛰어올라 훌쩍 공중제비를 한 바퀴 돌더니 다시 바닥으로 사뿐히 내려왔다. 그 모습을 멍하니 바라보던 찬이가 정신을 차리고 물었다.

"그, 그만! 그런데 체력? 도대체 그게 정확히 뭐예요?"

그제야 아토가 움직임을 멈추고 두 친구 앞에 섰다.

"체력이란 간단히 말해 일상생활을 잘할 수 있도록 몸을 사용하는 능력입니다, 야옹! 체력이 없으면 운동할 때뿐만 아니라 공부하고 놀 때도 힘을 낼 수 없어요. 체력이 없으면 두 어린이처럼 체육 시간에 피구를 하다가 친구들에게 '나사가 풀렸냐?' 하는 핀잔을 듣게 되죠."

아토의 말에 찬이와 자영이의 얼굴이 빨개졌다. 찬이가 항

의하듯 소리쳤다.

"우린 운동만 좀 못할 뿐 평소에는 얼마나 생활을 잘하는데요! 전 새벽 2시까지 잠을 안 자도 다음 날 쌩쌩하고 자영이는 그러니까 음⋯⋯. 아! 누구보다도 밥을 빨리 먹거든요! 우리 반 일 등이라고요."

"그런가요? 날씨가 조금만 추워져도 감기에 걸려 골골거리고, 무거운 건 동생이 대신 들어 주지 않나요? 수업 시간이나 숙제할 때는 1분도 집중하지 못하고, 밥만 먹으면 졸려 하는 찬이 어린이가요? 진짜 그렇게 생각하나요?"

아토의 말에 두 친구는 고개를 푹 숙였다.

"체력에는 건강 체력과 운동 체력이 있습니다, 야옹! 건강 체력은 건강을 유지하면서 일상생활을 효율적으로 해 나가는 능력, 운동 체력은 운동 경기를 할 때 필요한 전문적인 신체 능력입니다. 제가 보기엔 여러분은 두 능력 모두 영꽝인 것으로 보입니다. 두 어린이의 체력을 한번 살펴볼까요? 먼저 질문에 대답해 보세요. 축구나 달리기, 줄넘기 같은 운동을 일주일에 몇 번 하나요?"

아토의 질문에 두 친구는 고개를 가로저었다. 아토는 한숨을 쉬었다.

"그럼 1분 동안 줄넘기를 몇 번이나 할 수 있나요?"

"50번? 그 정돈 가뿐하죠!"

찬이가 자신 있다는 듯이 말했다.

"정말 그런가요?"

아토가 보라색으로 빛나는 안경을 꺼내 쓰고는 두 친구의 몸을 이리저리 살펴보았다.

"이렇게 부실한 허벅지 근육과 어깨 근육으로요? 거짓으로 대답하면 안 됩니다."

아토의 말에 찬이의 얼굴이 빨개졌다. 그다음부터 찬이와 자영이는 아토의 질문에 성실하고 솔직하게 답했다.

다음 질문에 답하면 여러분의 체력 상태를 알 수 있습니다.

건강 체력

1 하루에 몇 시간 스마트폰이나 텔레비전을 보나요?
   (a) 4시간 이상   (b) 2~3시간   (c) 1시간 이하

2 하루에 과자나 탄산음료를 얼마나 자주 먹나요?
   (a) 3번 이상   (b) 1~2번   (c) 거의 먹지 않음

3 채소나 과일을 하루에 몇 번 먹나요?
   (a) 거의 먹지 않음   (b) 가끔 먹음   (c) 자주 먹음

4 일주일에 몇 번 9시간 이상 잠을 자나요?
   (a) 거의 못 잠   (b) 2~3번   (c) 매일

5 학교 체육 시간에 운동을 하다가 몇 번 쉬나요?
   (a) 자주 쉰다   (b) 가끔 쉰다   (c) 거의 쉬지 않는다

6 계단을 10층 이상 오르기가 얼마나 힘든가요?
   (a) 매우 힘듦   (b) 조금 힘듦   (c) 전혀 힘들지 않음

7 일주일 동안 아프거나 피곤하다고 느낀 적 있나요?
   (a) 자주 있음   (b) 가끔 있음   (c) 거의 없음

8 친구들과 활동적인 놀이(달리기, 축구 등)를 얼마나 하나요?
   (a) 거의 하지 않음   (b) 일주일에 1회 내외   (c) 일주일에 2~3회

9 아침 식사를 일주일에 몇 번 먹나요?
   (a) 거의 먹지 않음   (b) 1~2회   (c) 3회 이상

10 운동 후 심장이 빠르게 뛰거나 땀이 나나요?
   (a) 거의 안 남   (b) 가끔 남   (c) 자주 남

운동 체력

1 30분 이상 신체 활동(달리기, 줄넘기, 축구 등)을 일주일에 몇 번 하나요?
　(a) 0번　(b) 2~3번　(c) 4번 이상

2 줄넘기 모아 뛰기를 1분 동안 몇 번 할 수 있나요?
　(a) 10번 이하　(b) 11~60번　(c) 61번 이상

3 30초 동안 스쿼트를 몇 번 할 수 있나요?
　(a) 5회 이하　(b) 6~10회　(c) 11회 이상

4 체육 시간 외에 운동을 따로 하나요?
　(a) 거의 하지 않음　(b) 일주일에 1~2번　(c) 일주일에 3번 이상

5 몸을 웅크렸다 점프하면서 무릎에 손을 갖다 댈 수 있나요?
　(a) 할 수 없음　(b) 어렵지만 가능　(c) 쉽게 할 수 있음

6 친구들과 운동 게임(발야구, 피구 등)을 얼마나 자주 즐기나요?
　(a) 거의 없음　(b) 가끔 있음　(c) 자주 있음

7 공 던지기에서 야구공을 20미터 이상 던질 수 있나요?
　(a) 할 수 없음　(b) 간신히 가능　(c) 쉽게 가능

8 50미터 달리기에서 얼마나 빠르게 달리나요?
　(a) 13.5초 이상　(b) 10~13.5초　(c) 10초 미만

9 팔 굽혀 펴기를 연속으로 몇 번 할 수 있나요?
　(a) 3회 이하　(b) 4~10회　(c) 11회 이상

10 윗몸 일으키기를 1분 동안 몇 번 할 수 있나요?
　(a) 5회 이하　(b) 6~15회　(c) 16회 이상

각 문항에서 (a)는 1점, (b)는 2점, (c)는 3점.
총점: 운동 체력 점수 + 건강 체력 점수 (최대 60점)

체력 상태 평가
상: 총점 45점 이상 (체력 짱! 이대로 유지하세요!)
중: 총점 30~44점 (그럭저럭 체력. 그래도 운동이 필요함.)
하: 총점 29점 이하 (체력 꽝! 체력을 키우는 게 시급함.)

"두 친구 모두 건강 체력은 20점, 운동 체력은 15점?"

아토가 놀라며 말했다.

"저희도 알고 있다고요! 그래서 어떻게 해결할 수 있는데요? 좀 전에 해결할 수 있다고 했잖아요!"

자영이가 소리쳤다. 아토가 빙그레 웃으며 대답했다.

"그건 간단합니다. 매일매일 운동을 열심히 하면 됩니다, 야옹! 규칙적인 생활을 하고, 편식은 하지 않고요."

"네? 그게 잔소리랑 뭐가 달라요?"

찬이가 화가 나서 외쳤다. 아토가 순식간에 찬이 앞으로 다가왔다. 찬이가 놀라 뒤로 주춤 물러섰다.

"야옹, 얘기를 끝까지 들어야죠. 나사 풀린 체력을 꽉 조일 수 있는, 그런 방법이 있습니다!"

아토의 체력 연구실 1

체력이란?

> "체력이란
> 사람이 살아가기 위해
> 몸을 움직이는 힘입니다!"
>
> 우리 몸이 힘을 내고, 오래 움직이고,
> 건강할 수 있게 해 줍니다.

어린이들이
체력을 키우는 것은
꼭 필요한 일입니다.

체력은 한 가지 능력이나 힘을 말하는 것이 아닙니다. 운동과 건강을 위한 종합적인 힘으로 근력과 지구력, 순발력, 유연성, 민첩성, 평형성 등이 모여서 만들어져요.

체력이 좋으면 아침에 일찍 일어나도 졸리거나 피곤하지 않습니다. 그러다 보니 수업 시간에 집중도 잘되고요. 면역력이 높기 때문에 쉽게 감기 같은 병에 걸리지도 않죠. 그러니까 **자신 있고 즐거운 일상생활을 위해서는 반드시 체력이 필요합니다.**

그런데 요즘 체력이 떨어지는 어린이들이 많아요. 왜 그럴까요?

첫째, 밖에서 노는 시간이 줄어들었기 때문이에요.

친구들과 밖에서 뛰어노는 대신
가만히 앉아서 스마트폰으로 게임을 하거나, 침대에 누워
동영상만 보는 어린이가 늘어났어요.

둘째, 운동할 시간이 부족하기 때문이에요.

요즘 어린이들은 학교에서
수업이 끝나도 학원에 가서
또 공부를 하는 아이들이
많아졌어요. 그러니까
운동할 시간이 확 줄어들었죠.

셋째, 음식!

어린이들은 다양한 음식을 먹지만,
그중에는 햄버거나 탄산음료, 과자처럼 쉽게
살이 찌는 음식이 많아요. 반면 몸에 꼭 필요한
단백질이나 비타민이 풍부한 음식은
잘 안 먹으려 하기 때문입니다.

혹시 여러분 중에
나사 풀린 체력을 가진
어린이가 있다면
저와 같이 체력을 튼튼하게
만들어 볼까요?

2. 슈퍼 기어의 선택을 받다

"카토 행성 최첨단 기술의 결정체, 최상의 운동을 위해 만들어진 슈퍼 기어!"

아토가 팔을 크게 휘둘러 공중에 커다란 원을 그렸다. 그와 동시에 아토의 등 뒤 가려져 있던 벽이 사라지고 수십 개의 복잡한 기계 장치들이 전시된 공간이 드러났다.

"와! 이게 다 슈퍼 기어예요?"

찬이가 눈이 동그래져서 물었다.

"맞습니다. 두 친구처럼 나사 풀린 체력을 가진 지구인도

이 장치를 사용하면 카토 행성인만큼 체력을 키울 수 있습니다."

"이 슈퍼 기어만 있으면 영화 속 슈퍼 영웅도 될 수 있겠네요?"

자영이가 흥분해서 외쳤다.

"당연하죠. 하지만 여기 있는 슈퍼 기어 중에 두 사람에게 딱 맞는 걸 고르는 게 중요해요. 가만 보자, 여러분 정도의 아기 체력에 딱 맞는 슈퍼 기어가……."

그때였다. 갑자기 붉은색 경고등이 켜지며 연구소 내부를 붉게 물들였다.

"비상입니다! 프록시마b 행성 우주선이 카토 행성에 접근 중입니다!"

"야옹, 중요한 걸 설명하려는데. 에이, 크노발 이 녀석이 왜 또……."

아토가 인상을 잔뜩 쓰다 두 친구를 보고는 다시 미소를 지었다.

"아, 문제가 생긴 건 아니고요, 지난 우주 올림픽 때 은메달을 딴 녀석이 찾아온 모양입니다. 잠시만 기다려 주세요. 얼른 돌아올 테니 슈퍼 기어 고르는 건 그때 하죠. 제가 돌아올 때까지 절대 슈퍼 기어를 건드리면 안 됩니다. 아시겠죠? 야옹!"

아토는 말을 마치자마자 번쩍하는 빛과 함께 연기처럼 사라져 버렸다. 멋지게 전시된 슈퍼 기어들을 정신없이 살펴보던 자영이가 눈을 반짝였다.

"저걸 입으면 엄청 멋있을 거 같지 않아? 넌 어떤 게 좋아 보여?"

자영이의 말에 찬이도 쭉 늘어선 화려한 슈퍼 기어들을 살펴보았다.

"난 저기 흰색 바탕에 어깨에 하늘색이 들어간 슈퍼 기어가 좋아 보이는데? 그런데 잠깐, 너 지금 뭐 하는 거야?"

찬이가 당황해서 외쳤다. 자영이가 손을 뻗어 슈퍼 기어를 만지려고 했기 때문이었다.

"뭘 하긴……. 슈퍼 기어가 어떤 능력을 가지고 있는지 궁금하잖아. 그럼 입어 봐야지. 난 이게 마음에 든다."

자영이가 연보라색에 검은색 무늬가 들어간 슈퍼 기어에 손을 댔다. 그러자 슈퍼 기어에서 기계음이 들려왔다.

"슈퍼 기어 사용자 정보 등록 중입니다. 잠시만 기다려 주십시오. 등록 완료! 착용 시작!"

그러더니 스스로 날아와 자영이의 팔과 다리, 몸에 달라붙었다.

"이거 멋지다! 벌써 몸에 힘이 나는 것 같아!"

슈퍼 기어를 입은 자영이가 자기 몸을 이리저리 둘러보며 말했다.

"아토 요원님이 올 때까지 기다려야 하는 거 아니야? 절대 절대 만지지 말라고 했잖아."

"에이, 입어만 보는 건데, 뭐 어때? 이거 내 몸에 딱 맞는데? 한번 몸을 움직여 볼까? 우아!"

자영이가 그 자리에서 높이 뛰어올랐다. 아토가 한 것처럼 멋지게 공중제비도 넘었다. 그 모습을 보니 찬이도 욕심이 생겼다.

"나도 입어 볼래!"

찬이도 마음에 든 슈퍼 기어에 손을 뻗었다. 찬이 손이 닿은 슈퍼 기어도 날아와 찬이 몸에 달라붙었다.

"와, 이거 진짜 멋진걸!"

찬이도 자영이처럼 펄쩍 뛰어올랐다. 찬이는 태어나서 지금까지 이렇게 몸이 가볍고 불끈 힘이 솟은 적이 한 번도 없었다. 슈퍼 기어만 있으면 두 사람에게 잔소리할 사람은 아무도 없을 것 같았다. 그때였다. 찬이와 자영이의 슈퍼 기어에서 다시 건조한 기계음이 들려왔다.

"우주 올림픽 참가자 확인 중……. 태어난 행성, 지구. 참가 생물, 호모 사피엔스. 참가 등록 완료!"

"뭐, 뭐야? 슈퍼 기어가 지금 뭐라고 하는 거야?"

"우리가 어디에 참가한다고? 큰일 났다. 피자영, 빨리 벗어!"

찬이와 자영이가 화들짝 놀라 슈퍼 기어를 벗으려고 했지만 소용없었다. 슈퍼 기어가 마치 몸에 들러붙은 것 같았다. 그때 아토가 연구소로 돌아왔다.

"맙소사! 두 사람, 지금 뭘 한 건가요, 야옹!"

아토가 엄한 얼굴로 두 친구를 바라보았다.

"안 된다고 했는데 자영이가 막 입어서 저도……."

"뭐? 야, 내가 언제 너도 입으라고 했냐?"

찬이와 자영이는 서로를 탓하며 다투기 시작했다. 그러자 아토가 화난 얼굴로 소리쳤다.

"조용히 하십시오!"

그제야 찬이와 자영이가 싸움을 멈추었다. 아토는 한숨을 내쉬며 말했다.

"두 사람이 지금 무슨 일을 한 건지 아시나요? 지금 입은 건 우주 올림픽 참가자 전용 슈퍼 기어입니다, 야옹! 그 슈퍼 기어는 우주 올림픽에 출전할 자격이 있는 선수만 입을 수 있는 건데 어찌 된 일인지 모르겠네요."

"저, 저희가 올림픽에 참가할 자격이 된다니요? 에이, 말도 안 돼요."

자영이가 손을 내저었다.

"농담이죠? 그렇죠?"

찬이도 겁을 잔뜩 먹은 얼굴로 물었다.

"아니, 농담이 아닙니다. 여러분은 지구 대표로 우주 올림픽에 참가 등록이 되었기 때문에 반드시 출전해야 합니다, 야옹! 그게 규칙이니까요."

아토의 말에 찬이가 창백한 얼굴로 중얼거렸다.

"전 절대로 못 해요. 절대……."

"뭐가 걱정이야? 그냥 우주 올림픽인지 뭔지에 참가하는 거잖아. 우리가 메달을 꼭 따야 하는 것도 아니고 말이야. 그렇죠?"

자영이가 아무렇지 않은 듯 말했지만 아토의 굳은 얼굴은 풀리지 않았다.

"이 우주 올림픽은 참가만 하면 되는 대회가 아닙니다, 야옹! 이번 올림픽은 프록시마b 행성에서 열리는 것으로, 자기가 사는 행성을 걸고 하는……"

찬이의 눈이 점점 커졌다.

"그, 그게 무슨 말이에요?"

"프록시마b 행성의 지배자 크노발은 메달을 따지 못한 참가자의 행성에 쳐들어가 그 행성을 지배할 거예요. 자신들의 힘이 우월하다는 걸 아니까요. 그러니 지구 팀이 우주 올림픽에서 3위 안에 들지 못하면 고릴라 외계인 크노발이 지구를 지배하게 될 거라는 뜻입니다. 그러면 지구인들은 모두 노예가 되고 말겠죠."

아토의 말에 찬이와 자영이는 그 자리에서 주저앉아 울음을 터뜨렸다.

"지금 운다고 해서 해결되는 건 없어요."

아토가 두 친구에게 말했다.

"그럼 어떡해요?"

"슈퍼 기어의 선택을 믿어 봐야죠."

"슈퍼 기어가 우릴 선택했다고요?"

찬이가 믿을 수 없다는 듯 말했다.

"사실 저도 슈퍼 기어가 두 사람을 선택했다는 걸 믿기 어렵긴 합니다."

아토가 한숨을 쉬며 설명을 이어 갔다.

"아무나 인공 지능을 지닌 슈퍼 기어를 입을 수 있는 건 아닙니다. 자기 능력에 맞지 않는 슈퍼 기어에 함부로 손을 대면 짜릿한 전기 충격을 선사하죠. 그런데 두 사람이 올림픽 참가자 전용 슈퍼 기어에 손을 댔을 때 아무런 충격도 받지 않았고, 스스로 날아가 장착되었습니다. 그건 슈퍼 기어의 인공 지능이 두 사람의 가능성을 인정했다는 뜻입니다."

"맙소사! 우릴 뭘로 보고······. 당장 벗을래요."

자영이가 슈퍼 기어를 억지로 떼어 내려고 했다.

"아! 아얏!"

슈퍼 기어가 준 전기 충격에 놀라 자영이는 엉덩방아를 찧었다.

"조심! 슈퍼 기어는 마음대로 입고 벗을 수 없습니다."

"계속 슈퍼 기어를 입고 다녀야 해요?"

찬이가 불만 가득한 목소리로 물었다.

"너무 걱정하지 마세요. 운동을 하지 않을 때는 투명 모드라 사람들 눈에 보이지 않아요. 그리고 우주 올림픽이 끝나면 슈퍼 기어도 자연스럽게 몸에서 떨어져 나갈 겁니다."

아토가 찬이의 슈퍼 기어에 손을 갖다 대자 이내 슈퍼 기어가 보이지 않았다.

"두 친구의 체력이 좋아질수록 슈퍼 기어의 힘도 점점 커집니다. 그럼 메달을 딸 가능성도 점점 높아지는 거죠. 슈퍼 기어의 선택을 믿어 볼까요?"

"그런 억지가 어딨어요?"

찬이가 소리쳤다. 하지만 아토는 아랑곳하지 않고 설명을 이어 갔다.

"우주 올림픽은 앞으로 두 달 뒤에 열립니다. 다음 주부터 일주일에 하나씩 올림픽 경기 종목이 공개될 거예요. 공개된 종목을 차례대로 하나씩 배우면 됩니다."

"우린 운동을 어떻게 하는지도 모른다고요!"

찬이가 울먹였다. 아토가 한숨을 쉬며 고개를 저었다.

"어휴, 별수 없군요. 슈퍼 기어를 만지게 놔둔 제 잘못도 있으니까요. 이제 걱정 마세요! 우주 올림픽에서 두 번이나 우승한 이 아토가 여러분의 운동을 도와드리겠습니다."

아토가 가슴을 쭉 펴고 말했다.

"우린 운동은 영 꽝이라고요!"

두 친구는 서로를 바라보며 하소연했다.

"지금 그런 소리가 나옵니까, 야옹! 메달을 못 따면 지구는 고릴라 외계인에게 지배당한다고요!"

아토가 호통을 쳤다. 두 친구는 몸을 움츠리며 대답했다.

"아, 알겠어……요. 해 볼게요."

"잘 생각했습니다. 일주일 뒤 경기 종목이 정해지면 어떤 운동을 해야 하는지 알려 드리겠습니다. 그전에 혼자서 '기초 체력'을 키우는 운동을 하세요. 알겠죠?"

"네……."

"목소리가 작습니다! 자, 이제부터 지구를 구하기 위해 힘을 모으는 겁니다. 파이팅!"

아토가 하늘 위로 주먹을 뻗으며 소리를 질렀다.

"파, 파이팅!"

"더 크게!"

"파이팅!"

두 친구는 기운을 짜내 간신히 외쳤다.

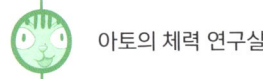

아토의 체력 연구실 2

기초 체력 키우기

기초 체력은 몸의 튼튼한 바탕이에요! 자동차로 말하면 힘센 엔진 같은 것으로, 운동을 잘하게 도와주는 기본 힘이죠. 우리나라 어린이들은 운동이 부족한 경우가 많아요. 그만큼 기초 체력도 약합니다. 기초 체력을 키우기 위해서는 꾸준히 운동도 하고 먹는 것도 신경 써야 해요. 생활 습관도 바꿔야 하고요.

운동이 너무 부족한데요! 정말 심각해요.

운동 부족 학생 비율 (2016년 11~17세 남녀 학생 대상)

국가	비율
한국	94.2%
캄보디아	91.6%
프랑스	87.0%
인도네시아	86.4%
대만	84.4%
중국	84.3%
싱가포르	76.3%
미국	72.0%

1. 기초 체력을 키우는 운동

① 줄넘기를 하면 심장이 튼튼해지고 다리 힘도 생겨요! 하루에 10분 이상 꾸준히 해요.

② 달리기는 심폐 지구력을 키우는 가장 기본적인 운동이에요. 공원이나 운동장에서 10~15분 정도 가볍게 달려 보세요!

③ 학교나 집 계단을 바른 자세로 올라가요. 주의할 할 점은 무릎이 아니라 허벅지와 엉덩이에 힘을 주고 천천히 올라가야 한다는 점입니다. 내려갈 때는 엘리베이터를 이용하세요.

④ 스쿼트는 다리 근력을 키워 주고, 균형 감각을 키우는 데 좋아요. 똑바로 섰다가 무릎을 직각으로 굽히며 앉는 운동으로, 꼭 어른의 도움을 받아 바른 자세를 배워요.

⑤ 스트레칭을 하면 몸이 유연해지고, 부상을 예방하는 데 도움이 돼요. 매일 아침저녁으로 20분씩 해 봐요.

2. 골고루 맛있게 먹기!

① 닭 가슴살, 달걀, 두부, 생선, 콩 같은 단백질이 풍부한 음식은 근육을 키워 줍니다. 그러니까 가리지 않고 먹어야 해요. 식사 때마다 한 가지 이상 먹기!

② 밥, 감자, 고구마, 통곡물 빵, 오트밀 같은 음식은 탄수화물이 많아서 운동 전에 먹으면 에너지를 얻을 수 있어요. 단, 많이 먹지 않기!

③ 사과, 귤, 키위 같은 과일이나 브로콜리, 당근, 시금치 같은 채소는 비타민이 풍부해 감기를 예방하고 체력을 유지하는 데 도움을 주니까 꼭 먹어요!

④ 우유, 치즈, 멸치, 달걀, 시금치처럼 칼슘과 철분이 많은 음식은 뼈와 혈액을 튼튼하게 만들어 줘요.

⑤ 우유, 두유, 과일 주스 같은 건강한 음료로 수분을 보충하는 것은 체력 유지에 필수입니다. 하루에 물을 4~6잔 마시는 것도 잊지 마세요!

3. 좋은 생활 습관은 체력을 키우는 기본!

① 밤 10시 전에는 꼭 잠자리에 들어요.
9시간 이상 잠을 충분히 자고요.
잠을 잘 자면 몸이 회복되고 체력이
좋아져요! 키가 크는 데 잠은 필수입니다.

② 매일 아침밥을 먹는 습관이 필요해요.
아침밥을 안 먹으면 힘이 없고, 집중력이
떨어집니다! 달걀프라이나 우유 같은
간단한 음식이라도 꼭 챙겨 먹어요!

③ 햇빛을 자주 쬐야 해요. 햇빛을 받으면
비타민 D가 만들어져서 뼈가 튼튼해지니까요!
하루 30분 이상 밖에서 뛰어놀아요!

④ 스마트폰이나 태블릿 피시 같은 디지털
기기 보는 시간을 줄여요. 꼼짝하지 않고
오래 들여다보면 눈이 피곤해지고, 몸이
굳으니까요. 하루 1시간 이하로 줄여요!

⑤ 늘 바른 자세를 유지해야 해요. 허리를 곧게
펴서 앉고, 잘 때나 걸을 때도 자세를 바르게!
잘못된 자세는 허리와 목에 부담을 주고,
뼈 성장에도 방해가 된답니다.

가만히 앉아만 있으면 순발력이 꽝!

"엄마, 물!"

찬이가 자기 방 의자에 앉아 스마트폰으로 게임을 하다 엄마를 또 불렀다. 아토를 만나고 일주일이 지났다. 집에 오는 내내 찬이는 울고불고했다. 걱정을 하며 다음 날부터 줄넘기를 들고 놀이터에 나가긴 했지만, 채 10분도 하지 못하고 집으로 돌아왔다.

그다음 날부터 찬이의 생활은 다시 예전으로 돌아왔다. 운동을 안 하는 건 물론, 자기 방에서 온종일 게임만 하는 생활이 다시 시작되었다. 우주 올림픽 출전이나 고릴라 외계인이 지구를 지배할 거라는 아토의 이야기가 마치 꿈처럼 느껴졌다.

"엄마가 네 심부름꾼이니?"

엄마가 찬이에게 물을 가져다주며 잔소리를 했다.

"맨날 누워서 게임만 하고, 정말……. 몸 좀 움직여! 운동도 하고, 응?"

잔소리에서 탈출하려고 잔소리탈출연구소에 간 건데 별 소용이 없는 것 같아서 찬이는 우울해졌다.

"엄마도 참……. 이번 판만 깨면 브론즈 등급이란 말이야."

찬이가 스마트폰 화면에 눈을 고정한 채 중얼거렸다.

"너 어제 몇 시에 잤어? 엄마가 새벽에 화장실 가는데 불이 켜져 있던데. 안 되겠다. 앞으로 딱 밤 10시가 되면 스마트폰, 거실에 내놓고 자! 알겠지?"

"아, 알았다고요."

찬이는 이렇게 말했지만, 오늘도 새벽까지 스마트폰을 할 게 분명했다. 스마트폰 불빛이 새 나가지 않게 이불을 뒤집어쓰고 게임을 하면 엄마를 깜빡 속일 수 있기 때문이었다.

주말에도 찬이는 침대 위에서 생활했다. 손에서 한시도 스마트폰을 내려놓지 않았다. 집이 아파트 3층인데도 계단을 한 번도 이용해 본 적이 없었다. 언제나 엘리베이터를 타고 다녔다. 점심시간에 친구들이 우르르 운동장에 몰려나가 축구를 하거나 뛰어놀아도 같이 놀 생각은 전혀 없었다.

"이렇게 꼼짝도 하지 않고, 잠도 제대로 안 자면서 어떻게 지구를 지킬 수 있겠어?"

"어? 엄마가 그걸……."

지구 대표로 우주 올림픽에 출전하게 된 건 자영이와 찬이 말고는 아무도 몰랐다. 그런데 엄마가 어떻게 알고 있는지 깜짝 놀라 찬이는 고개를 번쩍 들었다. 찬이 눈에 화난 표정의 고양이 얼굴이 들어왔다.

"엄마야!"

깜짝 놀라 몸을 움찔하던 찬이가 의자째 뒤로 발라당 넘어지기 직전이었다. 세상이 마치 정지 화면처럼 멈춰 버렸다. 넘어지던 의자도 똑딱똑딱 움직이던 시계도 심지어 열중하고 있던 스마트폰 속 게임도 모두 얼어붙은 것처럼 멈췄다. 정지 화면 속에서 아토와 찬이만 살아 움직였다.

"첫 번째 경기 종목이 정해졌습니다. 경기장에 가 볼까요?"

"시, 시간이 멈췄어요!"

찬이가 놀란 눈으로 떠듬거리며 말했다.

"당연하죠. 저와 우주 올림픽 경기장에 연습하러 갈 때마다 언제나 시간이 멈출 겁니다. 시간을 멈추지 않고 프록시마b 행성에 있는 경기장에 다녀오면 친구들과 나이 차이가 생기게 될 테니까요."

"자, 잠깐만요. 저, 지금 아무 준비도 안 되었는데요……"

찬이가 당황해서 말했다.

"알고 있습니다. 몸을 움직이지도 않고 앉아만 있었죠, 야옹! 그래도 어쩔 수 없습니다. 피자영과 구찬이, 두 사람은 우주 올림픽 지구 대표니까요."

아토의 말이 끝나자마자 찬이의 몸이 둥실 떠올랐다. 그와 동시에 찬이의 몸에서 슈퍼 기어가 모습을 드러내기 시작했다.

"자, 출발합니다! 공간 이동!"

아토가 찬이에게 손을 내밀었다. 찬이는 얼떨결에 아토의 손을 잡았다. 어디선가 피자를 먹던 자영이도 슈퍼 기어를 입은 채 나타났다. 그 순간 오렌지색 빛이 번쩍했다.

"여, 여기가 어디지?"

정신을 차린 찬이가 주변을 두리번거리다 자영이를 발견했다. 자영이는 피자 조각을 입에 문 채 멍하니 서 있었다. 찬이와 마찬가지로 운동도 하지 않고 지내다 갑작스럽게 끌려온 것이 분명했다.

"처, 첫 번째 종목이 정해진 건가요?"

자영이가 아토를 바라보며 물었다.

"네, 정해졌어요."

"아, 이것 좀 마저 먹고요……."

자영이가 피자를 꿀꺽 삼키며 중얼거렸다. 그 모습을 본 아토는 한숨을 내쉬었다.

"하 참, 두 사람이 출전할 경기 종목을 보고도 그런 말이 나올지 한번 봅시다."

아토가 두 손을 활짝 폈다. 그러자 두 친구의 눈앞에 밝은 빛과 함께 거대한 원통 모양 터널이 빙글빙글 돌아가는 경기장이 나타났다. 원통형 터널 벽에 달려 있는 장치에서 레이저가 쉴 새 없이 쏟아져 나왔다.

"이, 이게 올림픽 종목이라고요?"

찬이가 놀라서 물었다.

"우주 최고의 순발력을 겨루는 점프 플라즈마 경기죠!"

"순발력을 겨룬다고요? 그게 뭔데요?"

찬이가 물었다.

"순발력은 근육이 순간적으로 최대한의 힘을 발휘하며 빠른 움직임을 만드는 능력입니다. 날 따라 해 보세요."

말을 마친 아토가 달리기 시작했다. 아이들도 아토를 따라 달렸다. 그때였다.

"방향 전환!"

아토가 직각으로 방향을 바꿔 달려 나갔다. 찬이와 자영이는 아토를 따라가려다 발라당 넘어지고 말았다.

"아이고, 아파라! 이런 능력이 도대체 왜 필요한 거예요?"

자영이의 입이 삐쭉 나왔다.

"순발력이 좋은 사람은 위험한 일을 피하는 능력이 뛰어납니다. 생활 속에서 일어나는 사고도 잘 피할 수 있죠."

아토가 두 친구를 쓱 보며 말을 이었다.

"두 사람처럼 순발력이 꽝이어도 순발력을 높이는 운동을 계속하면 충분히 좋아질 수 있습니다."

"결국 운동을 해야 한다는 거네요."

"올림픽 첫 경기인 점프 플라즈마 경기를 해 보면 왜 순발력 운동을 해야 하는지 알게 될 것입니다."

두 친구는 경기장을 자세히 살펴보았다.

"설마 저 레이저들을 피해야 되는 건 아니죠?"

자영이가 걱정스러운 표정으로 물었다.

"무시무시한 레이저를 피해 돌아가는 원통을 통과하는 경기입니다. 아주 스릴 넘치겠죠?"

"그런데 저 레이저……, 설마 위험한 건 아니죠?"

찬이의 물음에 아토가 웃으며 말했다.

"하하하. 잘 피하기만 하면 전혀 안 위험합니다. 피하지 못한다면……. 그건 생각하기도 싫은데요."

"못 해요. 포기, 포기할래요!"

두 친구는 자리에 주저앉았다.

"경기를 포기하면 크노발이 지구를 지배할 텐데 그래도 괜찮은가요?"

두 친구는 고개를 천천히 저었다.

"자, 그럼 실력을 확인해 볼까요?"

아토가 손을 움직이자 자영이와 찬이의 몸이 둥실 떠오르더니 경기장 입구로 날아갔다. 경기장 앞에 내려앉은 찬이와 자영이는 겁에 질려 벌벌 떨었다.

"걱정하지 마세요. 연습용 레이저는 아주아주 약합니다. 10초에 한 번, 첫 번째 원통의 여러 장치 중 한 곳에서 레이저가 발사됩니다. 그 순간 납작 엎드려 피하거나 펄쩍 뛰어 다

음 원통으로 이동합니다. 다음 원통에선 레이저 발사 간격이 두 배 빨라져 5초에 한 번씩 발사됩니다. 그다음 원통에서는 2.5초이고요. 이렇게 레이저를 피해 5개의 원통을 모두 통과해야 합니다."

"으아! 정말 싫어!"

"레이저를 맞지 않고 가장 빨리 통과한 선수가 가장 높은 점수를 받을 수 있어요. 자, 준비됐죠? 시작!"

아토의 말과 동시에 원통이 움직이면서 벽 이곳저곳에서 레이저가 발사되기 시작했다. 두 친구는 울며 겨자 먹기로 들어갔지만 이내 바닥에 바짝 엎드려 꼼짝하지 못했다.

"원통은 계속 돌아가면서 레이저를 쏩니다! 빨리 움직이세요!"

아토의 호통에 찬이와 자영이는 간신히 일어났다. 하지만 여지없이 쏟아지는 레이저를 맞지 않을 수 없었다.

"앗, 따가워! 앗, 따가워!"

찬이와 자영이는 열심히 몸을 움직였지

만, 레이저를 너무 많이 맞아 연습을 멈춰야 했다. 아토가 고개를 저었다.

"예상은 했지만 이렇게 못할 줄은······. 아무리 슈퍼 기어라도 기본 체력이 없으면 힘을 발휘하지 못합니다."

"헉헉, 이건 우리가 할 수 없는 경기예요."

자영이가 가쁜 숨을 몰아쉬며 말했다.

"정말이에요. 우리가 지구 대표라니 말도 안 돼요."

"그러니까 이제부터라도 꾸준하게 순발력 운동을 해야 합니다. 그러면 슈퍼 기어도 제대로 작동할 거예요."

"순발력은 어떻게 키우는데요?"

찬이가 풀이 죽은 목소리로 말했다.

"먼저 몸을 자주 움직여야 합니다. 가만히 앉아만 있으면 당연히 순발력이 떨어지죠. 잠자고 공부하는 시간 빼곤 무조건 움직여야 한다는 거 잊지 마세요. 엄마를 부르면 안 됩니다, 야옹! 알겠죠?"

아토의 말에 찬이의 얼굴이 빨개졌다.

"둘째, 잠을 무조건 9시간 이상 잡니다! 충분히 잠을 자지 못하면 순발력은 당연히 떨어지게 되어 있어요."

"아, 알았다고요."

찬이가 손사래를 쳤다.

"자, 이제 일어나서 다시 해 볼까요? 올림픽 메달을 위해!"

아토가 소리쳤다. 두 아이는 힘들게 몸을 일으켰다.

"오늘부터 30분은 꼭 줄넘기를 할게요."

자영이의 말에 찬이도 지지 않겠다는 듯이 말했다.

"저도 잠은 무조건 10시에 잘 거예요!"

"다시 연습 시작! 출발!"

아토의 구령이 떨어지자 찬이와 자영이는 레이저가 쏟아지는 터널로 달려갔다.

아토의 체력 연구실 3
순발력 키우기

우주 올림픽의 첫 번째 경기 종목인 점프 플라즈마 경기에서 좋은 성적을 받기 위해서는 순발력이 꼭 필요합니다.
순발력은 힘과 속도가 모두 중요해요.
빠르게 튀어나가는 힘과 번개처럼 움직이는 속도, 이 둘이 만나면 최고의 선수가 될 수 있어요!

순발력이 있으면 체육 시간이 즐거워질 거 같아.

순발력이 있으면 피구 시합 때 날아오는 공을 재빨리 피하거나, 장애물도 획 넘을 수 있죠. 넘어지려는 순간 균형을 잡거나 책상 위에서 연필이 떨어질 때 재빨리 잡을 수 있고요. 또 차가 가까이 지나가거나 공이 갑자기 날아올 때 재빨리 피해 자기 자신을 보호할 수 있습니다.

자, 지금부터 순발력을 키울 수 있는 운동을 알려 드리겠습니다.

※주의! 운동을 하기 전, 꼭 준비 운동을 해야 해요. 운동을 막 시작하는 단계에서는 할 수 있는 만큼만 하고, 천천히 시간을 늘려 나가세요.

1. 다리 벌려 높이 뛰기

제자리에서 다리를 벌리고 최대한 높이 뜁니다. 10초 동안 할 수 있는 만큼 해 보세요. 그리고 20초 쉬기. 이걸 5세트 하는 거예요. 힘들면 처음에는 2~3세트를 하고, 매일 하면서 세트를 조금씩 늘려 나가요.

2. 방향 전환 달리기

5미터 간격으로 안전 고깔(또는 물병) 2개를 세워 놓고 그 사이를 빠르게 움직입니다. 처음엔 1분에 20개 3세트. 체력이 늘면 1개씩 개수를 늘립니다.

3. 불빛 반응 운동

4가지 색깔의 불이 나오는 조명을 준비하고, 색깔마다 움직이는 방향을 정해 놓고 빠르게 5발자국씩 움직이는 연습을 해요.
파란 불빛 → 왼쪽으로 이동 / 빨간 불빛 → 오른쪽으로 이동
노란 불빛 → 앞으로 이동 / 초록 불빛 → 뒤로 이동

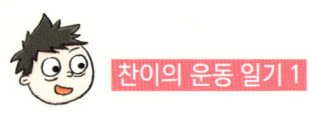 **찬이의 운동 일기 1**

🚩 **운동 목표** 순발력 키우기 매일 30분
↔ **주요 훈련** 1. 다리 벌려 높이 뛰기 | 2. 방향 전환 달리기 | 3. 불빛 반응 운동

순발력 운동 1일 차
처음으로 기분 좋은 땀이 났다

오늘부터 본격적으로 운동을 시작했다. 이제부터는 진짜 운동을 하지 않으면 큰일 난다. 맨손 체조를 하며 몸을 푼 다음, 천천히 운동장을 두 바퀴 뛰었다.

그러고 나서 순발력을 높이는 운동을 시작!

처음에 '다리 벌려 높이 뛰기'를 하는데, 10초 동안 계속 뛰는 게 너무 힘들었다. 20초만 쉬어야 하는데, 30초도 더 쉰 거 같다. 3세트를 하고 쉬면서 물을 마시는데 시원한 바람이 땀을 식혀 주었다. 다음으로 집에서 챙겨 온 물병 2개를 5미터 간격으로 세워 놓고, 방향 전환 달리기를 연습했다. 몸이 생각대로 움직이지 않아서 처음엔 좀 답답했지만, 몇 번 하다 보니 왕복하는 시간이 조금씩 줄어드는 것 같다. 몸을 움직이는 게 이렇게 재미있는지 처음 알았다.

순발력 운동 7일 차

내 몸이 가벼워졌어!

운동을 시작한 지 벌써 일주일!
처음엔 10초에 4번 하기도 힘들었던 '다리 벌려 높이 뛰기'를
이제 7번도 뛸 수 있게 되었다! 아직 10분 동안 쉬지 않고 하는 건
벅차지만 처음보다는 훨씬 숨이 덜 찬다. 땀은 여전히 많이 나지만.
방향 전환 달리기도 1분에 25번으로 늘었다! 자꾸 하다 보니 방향을
바꾸는 게 훨씬 정확해지고, 빨라진 것 같다.
오늘은 처음으로 여러 색으로 반짝이는 전구를 사서 불빛 반응 운동을
해 봤다. 버튼을 누르면 전구 색이 바뀌고, 그걸 보고 정해진 방향대로
뛰어야 하는데, 아직까지 몸이 바로바로 잘 안 움직인다.
그래도 게임을 하는 것 같아 다른 운동보다
훨씬 재미있다. 다음에는 자영이와 같이 해 봐야겠다.
밖에서 운동을 하니까 기분이 너무 좋다.

4 군것질만 하면 근력이 꽝!

"다이어트! 다이어트! 오늘은 진짜 덜 먹을 거야!"

자영이는 현관 앞에 걸려 있는 거울에 자기 모습을 비춰 보며 다짐하듯 중얼거렸다. 오늘 아침밥으로 사과를 반쪽 먹었다. 학교 수업이 1교시도 안 끝났는데 뱃속에서 꼬르륵 소리가 났다. 그래도 자영이는 꼭 참았다. 순발력을 높이려고 배운 운동을 매일 했고, 기초 체력을 기르려고 줄넘기도 매일 했다. 그러다 보니 자영이의 몸이 조금씩 달라져 보였다. 이제 먹는 것도 조절하기 시작했으니까 조금 더 날렵하게 보일 거다. 살이 쪘다고 놀리는 소리에 스트레스를 받는 일도 이제 얼마 남지 않았다.

"너, 지금 한창 클 나이라 충분히 먹어도 괜찮아! 과일이나 채소 같은 음식을 건강하게 먹으면 돼!"

"먹지도 않으면서 운동하면 힘이 나? 그러다 진짜 병나."

엄마는 걱정을 했지만, 자영이에게는 아무 소용 없었다. 이번만큼은 살을 빼겠다고 단단히 결심했기 때문이다.

"자영아, 학교 가자!"

찬이 목소리가 들렸다. 자영이가 가방을 메고 서둘러 집 밖으로 나왔다. 찬이는 아침부터 손에 과자 봉지를 들고 있었다. 고소한 과자 냄새를 맡으니 자영이 입에 침이 고였다. 자영이는 일부러 퉁명하게 말을 걸었다.

"야, 넌 아침부터 과자 먹냐?"

"이거? 내 아침밥인데, 너도 좀 줄까?"

찬이가 아그작아그작 과자를 씹으며 웅얼거렸다.

"싫어, 살쪄! 과자는 안 먹을 거야."

자영이가 단호하게 말했다. 찬이가 웃음을 참으며 말했다.

"그래? 알았어. 나도 응원할게. 얼마나 오래갈진 모르겠지만……."

"그러니까 내 앞에서 그 과자 좀 치워. 얼른!"

"먹고 싶어서 그러지? 야! 하나만 먹어 봐. 얼마나 맛있는데, 응?"

찬이가 장난스럽게 과자 봉지를 자영이 눈앞에서 흔들어 댔다. 자영이는 화가 잔뜩 났다.

자영이가 손으로 찬이의 과자 봉지를 홱 밀쳤다. 그러자 과자 봉지가 날아가며 안에 든 과자가 공중에 흩어졌다.

"앗!"

찬이가 소리치는 순간 흩어진 과자들이 공중에 그대로 멈췄다. 아토가 온 것이었다! 아토는 공중에 떠 있는 과자 하나를 손으로 잡더니 입에 쏙 넣었다.

"에잉, 지구 과자는 너무 달아, 야옹! 우리 올림픽 선수들, 운동은 잘하고 있나요?"

"네, 하루도 빠지지 않고 줄넘기 하고 있습니다!"

"맞아요, 그리고 10시엔 꼭 침대에 눕고요."

자영이의 말에 찬이도 당연하다는 듯 말했다.

"좋습니다. 순발력 경기는 해 볼 만하겠는데요? 여러분이

고대하던 두 번째 종목이 정해졌습니다."

"누가 고대했다는 거죠?"

"이번엔 어떤 건데요?"

찬이가 걱정스러운 표정으로 물었다.

"이번 경기 종목은 '중력 타워 오르기'입니다. 어떤 경기인지 궁금하죠? 자, 바로 가 볼까요?"

아토가 말을 마치자마자 슈퍼 기어가 찬이와 자영이의 몸에 나타났다. 곧바로 아토가 두 사람에게 손을 내밀었다. 찬이와 자영이는 한숨을 쉬며 아토의 손을 잡았다.

"공간 이동!"

곧바로 오렌지빛이 번쩍 빛났고, 셋은 순식간에 사라졌다.

―

"우아, 정말 높다! 도대체 몇 층이에요?"

정신을 차린 자영이와 찬이의 눈앞에 엄청 높은 건물들이 나타났다. 여러 종류의 금속으로 뒤덮여 있는 다각형 기둥 모양의 건물들이 신비한 빛을 내며 번쩍거렸다.

"우리 은하에서 가장 유명한 '중력 타워'입니다. 무려 107층이죠. 중력을 마음대로 조절할 수 있는 중력 타워야말로 선수들의 근력을 겨룰 수 있는 최적의 경기장이죠."

아토가 자랑스럽게 건물을 소개했다.

"근력? 그건 또 뭔가요?"

"근력은 근육이 외부에 저항하며 힘을 발휘할 수 있는 능력입니다. 쉽게 말해 무거운 물건을 들거나 계단을 오르내릴 수 있게 해 주는 힘이죠. 팔씨름을 할 때 근육에 힘이 없으면 이길 수 없겠죠? 두 친구 가운데 팔씨름에서 혹시 한 번이라도 이긴 적 있는 친구?"

둘 다 고개를 가로저었다.

"자, 중력 타워에 한번 올라가 볼까요? 중력 타워의 기본 중력은 여러분이 살고 있는 지구보다 세 배 큽니다. 이 중력 타워를 맨손으로 기어올라 갈 수 있는지 도전해 볼까요?"

아토의 말에 찬이와 자영이는 반신반의하며 중력 타워의 손잡이를 잡았다. 중력 타워에 매달리는 건 어렵지 않았다. 하지만…….

"아토 요원님, 소, 손이 손잡이에 딱 붙어서 움직이지 않아

요! 그런데 어떻게 올라가죠?"

"팔다리가 타워 벽에서 떨어지지 않아요!"

두 친구는 당황해서 소리를 질렀다.

"딱 달라붙은 게 아닙니다, 야옹! 중력을 이기지 못해 움직이지 않는 거예요."

"그, 그럼 어떡해요?"

"근육의 힘을 이용해요! 온 힘을 다해 팔과 다리를 움직이세요!"

아토의 말에 다시 힘을 내 보았지만 둘 다 몇 칸도 채 오르지 못한 채 10분 넘게 매달려 있었다. 아토는 안타까워하며 고개를 가로저었다.

결국 아토가 손가락을 튕겨 신호를 보냈다. 그러자 위잉 소리가 났다.

중력 타워의 중력이 줄었지만, 거의 30분 가까이 힘을 쓰며 매달려 있던 두 친구는 바닥으로 툭 떨어졌다. 그리고 그대로 드러누워 손끝도 까딱하지 못했다.

"온몸에 힘이 없어."

"아, 손가락 들 힘도 없어."

아토는 두 친구를 바라보며 혀를 찼다.

"어이쿠, 정말 근력이 하나도 없군요, 야옹! 하긴 한 친구는 음식을 골고루 안 먹으면서 군것질만 하고, 한 친구는 먹기만 하고 운동은 전혀 하지 않았으니 그럴 만도 하죠."

찬이가 아토의 말에 고개를 간신히 들었다.

"우주 올림픽에서 우승하려면 순발력만 있으면 되는 거 아니었어요?"

"순발력만으로는 우주 올림픽에서 우승할 수 없습니다. 근육을 쓰는 힘, 그러니까 근력도 좋아야 해요. 근력을 키우기 위해서는 꾸준히 근육을 키우는 운동을 해야 합니다. 또한 먹는 것도 아주 중요해요. 당장 몸무게를 줄인다고 음식을 먹지 않는 건 아주 큰 문제입니다."

아토가 이렇게 말하며 자영이를 바라보았다. 자영이의 얼굴이 붉어졌다.

"근력을 키우려면 단백질을 섭취해야 합니다. 단백질을 섭취하려면 고기, 우유, 계란, 두부 같은 음식을 골고루 먹어야 하죠. 과자나 패스트푸드에 많이 사용하는 밀가루에는 단백질 대신 탄수화물이 과도하게 많아요. 게다가 대부분 기름에 튀겨 만들기 때문에 건강에도 안 좋고요. 그런 음식을 먹으면서 근력을 높일 수는 없습니다. 알겠나요?"

"네……."

"게다가 제대로 먹지 않고 다이어트를 하면 체지방이 줄어드는 게 아니라 근육이 빠집니다. 당장 몸무게가 줄어들기는 하겠지만, 근육이 줄었기 때문에 이전처럼 먹으면 전보다 더 빨리 더 많이 살이 찌죠. 그러니까 무조건 굶는 다이어트는 배고파서 힘만 들고, 다시 먹기 시작하면 살이 더 찌니까 결과적으로 아무 효과가 없습니다. 그런 다이어트 대신 단백질과 영양이 풍부한 음식을 골고루 먹으면서 운동을 열심히 하는 게 백 배는 더 효과가 있답니다, 야옹!"

"알겠다고요."

자영이가 풀 죽은 목소리로 대답했다.

"찬이 어린이도 지금처럼 먹고 싶은 것만 조금 먹으면 절대 근력을 키울 수 없다는 걸 잊지 말아야 합니다."

"알겠다고요."

찬이도 풀 죽은 목소리로 대답했다.

아토가 찬이와 자영이를 일으켜 세웠다.

"이제부터 근력을 키우기 위해 생활 태도를 바꿔 볼까요? 엘리베이터 안 타고 계단 이용하기, 의자에 천천히 앉았다 일어나기 하루에 스무 번씩 하기 등이 있습니다. 아, 자기 방 바닥을 매일 걸레로 닦는 것도 근력을 키우는 방법입니다."

"우우, 방 청소는 정말 싫은데요……."

찬이가 중얼거렸다. 아토와 자영이가 웃음을 터뜨렸다.

아토의 체력 연구실 4
근력 키우기

우주 올림픽의 두 번째 경기 종목에서 좋은 성적을 내려면 근력이 필요합니다. **근력은 몸을 움직이거나 물건을 들어 올리고, 오래 버틸 수 있도록 하는 힘이죠.** 근력이 약하면 금방 지치고, 자세가 쉽게 흐트러져 몸의 균형이 무너집니다.

근력이 좋다는 건 힘이 세다는 거예요. 힘이 세면 뭐가 좋을까요? 무거운 물건을 번쩍번쩍 들 수 있을 뿐만 아니라 계단 오르내리기도 잘할 수 있죠. 몸을 잘 지탱해 주니까 넘어지는 일도 줄어들고요. 근육이 있으면 살도 잘 찌지 않아요. **근력은 우리 일상생활에 꼭 필요한 힘입니다.**

근력을 키우면 운동이 즐거워질까?

자, 그럼 근력을 키울 수 있는 운동을 알려 드리겠습니다.

※주의! 일주일 내내 운동하는 것보다 5~6일 운동하고 하루이틀은 쉬는 게 좋아요.

1. 앞뒤로 다리 벌려 앉았다 일어나기

두 발을 어깨너비로 벌리고 섭니다. 그리고 한 발을 크게 앞으로 벌려 무릎을 직각이 되게 합니다. 그런 다음 양발의 발뒤꿈치에 힘을 주고 앞다리 무릎을 쭉 폅니다. 무릎에 힘이 들어가지 않도록 조심합니다. 양쪽 다리를 번갈아 10번씩 3세트!

2. 팔 굽혀 펴기

매트를 깔고 바닥에 엎드린 다음 바닥에 무릎을 대고 가슴을 펴요. 그 자세로 팔을 굽혔다 펴는 동작이에요. 가슴 근육을 잘 사용해야 합니다. 5번씩 3세트 하고, 점점 횟수를 늘립니다. 처음에는 무릎을 바닥에 대고 하고, 힘이 붙으면 무릎을 바닥에서 떼고 해도 됩니다.

3. 발로 농구공 들어 올리기

엎드린 상태에서 양발로 농구공을 잡아요. 그리고 천천히 무릎을 굽혀 농구공을 위로 들어 올립니다. 만약 농구공이 너무 무거우면 배구공처럼 조금 가벼운 공을 찾아서 해 보세요. 하루에 20번씩 3세트.

 **자영이의 운동 일기 1**

🚩 **운동 목표** 근력 키우기
↔ **주요 훈련** 1. 앞뒤로 다리 벌려 앉았다 일어나기 | 2. 팔 굽혀 펴기
　　　　　　 3. 발로 농구공 들어 올리기

근력 운동 1일 차

근육을 키우자!

　처음으로 근력 운동을 했다. 천천히 운동장을 돌면서 준비 운동을 한 뒤 다리 벌려 앉았다 일어나기 운동을 했다.
　처음 5개를 할 때는 쉬웠는데, 다음 6개째부터는 무릎을 펴기가 점점 힘들어져서 10개는 정말 이를 악물고 했다. 물을 벌컥벌컥 마시고 충분히 쉰 다음, 팔 굽혀 펴기를 했다. 무릎을 바닥에 대고 하는데도 팔을 굽히기가 너무 어려웠다.
　마지막으로 엎드려 발로 농구공 들어 올리기를 했다. 무거운 농구공 대신 빈 책가방으로 했는데, 너무 가벼워서 좀 시시했다. 그래서 가방에 책을 다섯 권 넣고 했다. 다음에는 농구공으로 도전해야지.
　운동을 열심히 해서 살을 빼고 싶은데, 내 마음대로 될까?
오늘 아침밥으로 삶은 달걀과 두유, 고구마와 귤을 먹었다. 다행히 점심 급식 시간 전까지 배가 많이 고프지 않았다. 하지만 급식 때 탕수육이 나오는 바람에 좀 많이 먹었다. 내일 급식은 조금 맛없으면 좋겠다.

근력 운동 7일 차

허벅지가 조금 딴딴해졌다!!!+_+

운동을 시작한 지 7일쯤 되니까 근력이 조금은 는 것 같다.
앞뒤로 다리 벌려 앉았다 일어나기를 오늘은 한 번에 15개까지 성공!
팔 굽혀 펴기는 여전히 어렵지만, 그래도 조금 늘긴 했다.
처음에는 3개씩 2번도 힘들었는데, 이제는 4개씩 3번 도전 중!
다음 주부터는 무릎을 바닥에서 떼고 해 봐야지. 발로 농구공
들어 올리기는 농구공을 놓치지 않고 20번씩 가뿐하게 했다.
이대로 가면 중력 타워 경기에서 일 등을 할 것 같다.
이제 운동을 해도 예전처럼 아주 힘들지 않다.
그리고 몸이 조금 가벼워진 느낌! 아직 살이 빠졌는지는 모르겠지만,
근육은 분명 생긴 것 같다. 아침밥도 꾸준히 건강하게 먹고 있다.
오늘은 삶은 달걀, 바나나 한 개, 두유를 먹었는데, 이제는 아침에
양상추도 조금씩 먹어 봐야겠다.
아, 그런데 오늘 또 급식을 여러 번 가져다 먹었다.
치즈돈가스의 냄새가 얼마나 좋던지…….
다음 주부터는 급식을 딱 한 번만 먹을 거다!

5 자세가 나쁘면 유연성이 꽝!

"웬일이야, 공부를 다 하고?"

자영이가 교실 책상에 앉아 공부하는 찬이를 보며 신기하다는 듯 말했다. 점심시간마다 다른 친구들과 운동장에서 놀던 찬이가 오늘따라 문제집에 머리를 파묻고 있었기 때문이다.

"우리 엄마가 이번 수학 단원 평가에서 100점 안 맞으면 학원 보낸다고 했거든."

찬이는 여전히 책상에 고개를 처박고 대답했다.

"야, 지금 시험 보냐? 누가 네 답을 보는 것도 아닌데 왜 몸은 그렇게 숙이고 문제를 푸는 거야?"

"어렸을 때부터 이렇게 해야 집중이 좀 되었거든. 공부 방해하지 말고 저리 좀 가!"

찬이가 단호하게 말했지만 자영이는 코웃음을 쳤다.

"어차피 1시간도 못 버티고 몰래 스마트폰 볼 거면서……. 어디 얼마나 오래 공부하는지 구경해야지."

자영이는 반대편 의자에 걸터앉아 턱을 책상에 괴었다.

"아이, 저리 가라고! 아, 아야!"

찬이가 고개를 번쩍 들다가 인상을 찡그리며 목에 손을 갖다 댔다.

"아얏! 목이 삐끗했어. 이게 다 너 때문이야."

찬이가 울상이 되었다.

"네가 그런 자세로 공부해 놓고 누구 탓을 해, 나 참."

"이게!"

찬이가 아픈 목을 잡고 벌떡 일어났다. 자영이는 찬이를 피해 일어나다가 허리를 삐끗했다.

"아, 아야! 내 허리!"

"헤헤, 꼴좋다!"

찬이가 목을 잡고 낄낄댔다.

그때였다. 어디선가 익숙한 웃음소리가 들려왔다. 바로 아토였다.

"체력이 수준 미달이라 몸에 문제가 생겼습니다! 잠깐 기다려 보세요."

아토가 아이들 어깨에 손을 갖다 대자 슈퍼 기어가 모습을 드러냈다.

"슈퍼 기어, 집중 치료 모드 시작!"

그러자 찬이의 목과 자영이의 허리에서 빛이 나기 시작했다. 빛이 꺼지자 두 아이의 목과 허리가 더 이상 뻐근하지 않게 되었다.

자영이와 찬이가 신기하다는 듯 아토를 바라보았다.

"세 번째 경기 종목이 정해졌습니다, 야옹! 오늘 보니 이 경기 종목은 지난번보다 힘들겠네요."

아토가 두 사람에게 손을 내밀었다.

"아, 또 시작이야."

찬이가 한숨을 푹 쉬며 아토의 손을 잡았다. 자영이도 얼른 아토의 손을 잡았다.

"공간 이동!"

그러자 셋은 오렌지색 밝은 빛으로 둘러싸였다.

―

"여긴 어디지? 아토 요원님, 몸이 계속 둥둥 떠올라요!"

"맞아요, 우리가 풍선이 된 것 같아요!"

찬이와 자영이는 몸을 바로 세우려고 애썼지만 계속 뒤집어졌다. 자세히 보니 아토가 데려온 곳은 위로 길게 뻗은 투명한 원통 경기장이었다. 그 안에서 두 아이는 둥둥 떠올랐다.

"이곳은 '반중력 장애물' 경기장입니다. 이 공간에서는 몸을 이리저리 움직여 균형을 잡아야 합니다."

아토가 몸을 자유자재로 움직이며 말했다.

"균형은 어, 어떻게 잡아야 하는데요?"

찬이가 몸을 바로잡으려고 애쓰며 물었다.

"물속에서 헤엄을 치듯 팔다리를 움직여 보세요."

아토가 마치 수영 자세를 가르쳐 주는 것처럼 팔을 휘저었다. 두 친구는 바로 아토를 따라 팔다리를 휘저었다.

"생각보다 잘되는데요. 와! 이번 경기는 좀 쉽겠다. 그냥 헤엄치듯 위로 올라가면 되는 거죠?"

자영이가 익숙하게 팔을 저으며 물었다.

"과연 그럴까요? 이번 경기에서는 반중력과 중력이 교차되는 공간에서 장애물을 빠르게 통과해야 합니다, 야옹! 그러기 위해서는 유연성과 평형성이 필요하죠."

"유연성과 평형성? 들어 본 것도 같은데, 그게 뭔가요?"

자영이의 물음에 아토가 몸을 고무줄처럼 길게 늘였다 웅크리며 말했다.

"유연성은 몸의 관절을 부드럽고 자유롭게 움직일 수 있는 능력을 뜻합니다. 관절 주변의 근육이나 힘줄의 탄력성이 얼마나 좋으냐에 따라 유연성에 차이가 생기죠. 유연성이 좋으면 운동을 할 때 올바른 자세를 유지할 수 있고 다칠 위험도 훨씬 줄어듭니다. 자, 날 따라해 보세요. 이렇게 무릎을 쭉 펴고 손을 아래로 뻗어서 발을 잡아 보세요."

두 친구는 아토를 따라 무릎을 펴고 힘껏 팔을 뻗었다. 하지만 둘 다 손이 발에 닿지 않았다. 그 상태로 공중에 둥둥 떠다니는 모습이 좀 우스꽝스럽게 보였다.

"뭐야, 왜 안 돼?"

"이게 되는 사람이 있을까?"

둘은 투덜댔다.

"둘 다 유연성도 엉망이로군요! 자세가 나쁜 걸 보고 이미 예상은 했지만 말입니다."

아토가 혀를 끌끌 찼다.

"자세가 유연성과 관계 있어요?"

찬이가 놀라서 물었다.

"당연하죠. 고개를 숙이고 있으면 목과 어깨 근육이 긴장됩니다. 척추에도 과도한 압력이 가해지고요, 야옹! 그렇게 계속 생활하면 유연성이 나빠집니다."

"네가 이상한 자세로 공부할 때부터 알아봤다니까."

자영이가 찬이를 놀렸다. 아토가 고개를 저으며 말했다.

"자영 어린이의 자세도 평형성을 망치는 자세입니다."

"내가 뭐요?"

"평형성은 사람의 몸이 움직이거나 멈춰 있을 때 균형을 유지할 수 있는 능력입니다. 다리를 꼬고 앉거나 앉아서 턱을 괴는 자세는 몸의 평형성을 망칩니다. 균형을 유지하는 척추와 근육에 무리를 주기 때문이죠. 두 친구 모두 팔을 벌리고 한 발로 서는 것은 잘하나요?"

아토의 말에 둘 다 대답을 하지 못했다.

"이번 경기에서 좋은 성적을 거두려면 유연성과 평형성을 길러야 합니다, 야옹! 그러려면 운동도 중요하지만, 평소 올바른 자세로 생활하는 습관을 기르는 게 중요하죠. 앗, 조심! 첫 번째 장애물이 나타났어요!"

아토의 외침에 자영이와 찬이가 고개를 들었다. 어느새 두 친구의 머리 위로 거대한 푸른 벽이 나타났다. 푸른 벽은 공중에 떠 있는 아이들을 향해 천천히 아래로 내려왔다.

"저걸 어떻게 통과해?"

"조심해! 벽에 깔리겠어!"

찬이가 몸을 움츠렸다. 자영이도 겁에 질려 몸을 납작하게 숙였다.

"그렇게 해서는 절대 장애물을 통과할 수 없어요. 정신 차리고 벽에 뚫린 구멍을 잘 보세요!"

아토의 호통 소리에 자영이가 눈을 살짝 치켜뜨고 내려오는 벽을 살폈다.

"자, 잠깐! 벽 가운데 ㄹ 모양 틈이 있어."

"둘이 힘을 합해 그 틈을 빠져나갈 수 있도록 ㄹ 모양으로 몸을 만들어야 해요. 시간이 없어요, 야옹!"

아토의 재촉에 두 친구는 간신히 몸을 구부려 서로 손을 맞잡고 ㄹ 모양으로 만들었다.

아토가 소리쳤다.

"좋아요. 벽을 통과할 때까지 그대로 모양을 유지하세요!"

거대한 벽이 지나갈 때까지 그대로 있으려니까 무척 힘이 들었다.

쿠르르르릉! 드디어 거대한 벽이 아이들 사이로 지나갔다.

"토, 통과했어!"

자영이가 숨을 내쉬었다. 그 순간 공중에 둥둥 떠 있던 두 아이가 빠르게 아래로 떨어지기 시작했다.

"으악! 이건 또 뭐야?"

"벽을 통과하면 반중력 상태가 사라집니다. 정신을 바짝 차려야 합니다. 이제부터는 평형성이 필요합니다. 몸의 균형을 잘 잡고 저 아래 보이는 레이저 링 안에 빠르고 정확하게

착지해야 합니다. 두 발의 균형이 조금만 흐트러져도 레이저 링이 여러분을 가만두지 않을 거예요!"

"으악! 어떡해!"

두 친구 모두 비명을 지르며 아래로 떨어졌다. 아무리 몸을 바로잡으려 해도 마음처럼 되지 않았다.

"아, 안 돼! 망했어!"

찬이와 자영이가 손으로 얼굴을 가렸다. 다행히 레이저 링은 어느새 사라져 있었다.

찬이와 자영이는 바닥에 주저앉았다.

"하하하! 지금은 연습 경기입니다."

"이런 경기에서 어떻게 이겨요?"

자영이가 중얼거렸다. 아토가 웃으며 말했다.

"너무 걱정하지 마세요. 유연성과 평형성도 운동을 통해 기를 수 있습니다. 매일 스트레칭을 충분히 하고 바른 자세를 가지면 유연성과 평형성이 길러집니다, 야옹!"

"잊지 않을게요."

두 친구는 다짐하듯 서로를 바라보았다.

아토의 체력 연구실 5

유연성과 평형성 키우기

세 번째 올림픽 종목을 잘해 내려면 유연성과 평형성이 꼭 필요해요! **유연성은 몸을 부드럽게 움직일 수 있는 성질입니다. 평형성은 넘어지지 않고 몸의 중심을 잡는 성질이고요.**

이 두 가지가 있으면 몸을 효율적으로 사용하게 도와줘서 운동 효과를 높여 주고, 다치지 않게 해 주죠! 예를 들어, 스케이트를 탈 때도 중심을 잘 잡아서 빙판 위에서도 씽씽 달릴 수 있어요!

힘만 센 것보다, 몸을 부드럽게 움직이고 균형을 잘 잡는 게 진짜 멋진 비밀 무기랍니다!

평형성이 부족해서 잘 넘어졌나 봐.

자, 그럼 유연성과 평형성을 기르는 운동을 알아볼까요?

※주의! 이 운동은 매일 꾸준히 해야 해요. 조금만 게을리 해도 금방 원래 몸으로 돌아간답니다.

1. 앉아서 발바닥 붙이기

바닥에 앉아서 두 발바닥을 서로 맞대고 숨을 내쉬면서 무릎을 천천히 바닥을 향해 내리고 15초 동안 유지해 보세요. 이렇게 하면 다리와 골반이 유연해질 거예요. 허벅지는 엄청 당기겠지만요. 이 자세는 몸의 배열을 바르게 해 줘서 평형성을 높이는 데도 도움을 줍니다. 매일 15초씩 3세트.

2. 엉덩이 들어 올리기

매트를 깔고 바닥에 등을 대고 누워요. 무릎을 90도로 굽힌 다음, 팔을 바닥에 대고 엉덩이를 힘껏 들어 올립니다. 몸이 어깨에서 엉덩이까지 일직선이 되게 해야 해요. 매일 10번씩 3세트.

3. 눈 감고 한 발 서기

한 발로 서서 균형 잡기를 연습해요. 다른 다리는 무릎을 들어 올려 직각으로 굽힌 다음 10초 동안 넘어지지 않고 균형을 유지해요. 익숙해지면 한 발로 서 있는 상태에서 눈을 감는 것도 해 볼 수 있어요. 처음엔 5초를 목표로 하고 점차 시간을 늘려 보세요.

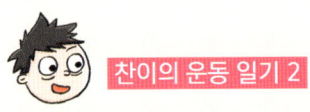 **찬이의 운동 일기 2**

🚩 **운동 목표** 유연성·평형성 키우기 매일 30분
↔ **주요 훈련** 1. 앉아서 발바닥 붙이기 | 2. 엉덩이 들어 올리기 | 3. 눈 감고 한 발 서기

유연성·평형성 운동 1일 차

새로운 동작, 쉽지 않네!

오늘은 처음 해 보는 운동을 세 가지나 했다! 보기엔 쉬워 보였는데 막상 해 보니 생각보다 어려웠다. 첫 번째는 앉아서 발바닥 붙이기. 두 발을 모으고 앉았는데, 처음엔 무릎이 바닥에 잘 안 닿았다. 그래도 조금씩 움직이니까 무릎이 조금씩 내려갔다. 나비처럼 날개를 펄럭이는 기분!

두 번째는 엉덩이 들어 올리기. 바닥에 누워서 무릎을 세운 다음 엉덩이를 위로 들어 올렸는데, 허벅지와 엉덩이에 힘이 엄청 들어갔다.

마지막으로 눈 감고 한 발 서기! 한쪽 다리를 들고 눈을 감으니까 균형 잡기가 너무 어려웠다. 한 번도 제대로 못 서고 계속 휘청휘청! 눈을 뜨고 간신히 3초 서 있을 수 있었다.

오늘 운동을 하면서 몸이 좀 더 유연해진 것 같고, 중심 잡는 게 중요하다는 걸 느꼈다. 내일은 더 오래 버틸 수 있을까? 도전!

유연성·평형성 운동 7일 차

내가 달라졌어!

새로운 운동을 시작한 지 벌써 일주일이 되었다.
처음엔 어려웠던 동작들이 이제 조금 익숙해졌다.
앉아서 발바닥을 붙이면 무릎이 바닥에 살짝 닿는다.
아직 15초까지 버티기는 힘들지만.
엉덩이를 드는 동작은 5번씩 하는 것도 힘들었는데, 오늘은 10번씩 성공!
허벅지랑 엉덩이가 단단해진 느낌이 들어서 뿌듯하다.
정말 안타깝게도 눈 감고 한 발 서기는 아직 잘 못한다.
눈을 감고 한 발 서기를 하면 금방 넘어진다.
하지만 눈을 뜨고 하면 이제 10초쯤은 성공할 수 있다.
이 운동들을 계속하니까 확실히 유연해지고 균형도 잘 잡히는 것 같다.
운동 덕분인지 평소에도 자세를 바르게 하는 게 훨씬 덜 힘들다.
한 달 가까이 다양한 운동을 꾸준히 하니까 잠도 잘 오고,
밥도 많이 먹게 된다. 이렇게 몸이 계속 튼튼해지면 좋겠다.

스마트폰만 들여다보면 협응력이 꽝!

"좋아, 좋아! 그렇게 하라고!"

"아! 그러면 안 돼. 아, 안 돼."

찬이는 학교를 벗어나자마자 스마트폰을 켰다. 걸어가는 동안 잠시도 화면에서 눈을 떼지 않았다. 그러다 잠깐 서서 엄지손가락을 화면에 대고 요리조리 움직이자, 손가락 움직임에 따라 화면 속 게임 캐릭터가 이리저리 움직였다.

우주 올림픽에 참가하기 위해 운동을 시작하고 난 뒤에도 찬이의 스마트폰 사랑은 여전했다. 밥을 먹을 때도 스마트폰을 보면서 숟가락질을 하고, 잠들기 직전까지 스마트폰을 보다 얼굴에 떨어뜨린 적도 많았다. 화장실에서도 스마트폰을 너무 열심히 보면서 볼일을 보는 바람에 다른 가족들이 발을 동동 구른 적도 많았다.

부모님이 "나중에 스마트폰하고 결혼할 거야? 제발 그만 좀 봐!" 하고 아무리 잔소리를 해도 그 버릇은 고쳐지지 않았다.

"야! 구찬이, 그러다가 전봇대에 부딪힌다."

자영이가 찬이 뒤에서 장난스럽게 어깨를 치며 말했다.

"에이, 너 때문에 잘못 눌렀잖아! 난 옆에도 눈이 달려서 전봇대 정도는 잘 피한다고!"

"그러다 큰일 나!"

자영이의 말에 찬이가 발끈했다.

"운동 시작하고 내 운동 신경이 얼마나 좋아졌는데! 어떤 상황에서도 위험을 피할 수 있단 말씀!"

찬이가 으스대며 말했다. 그때였다. 어디선가 아토의 목소리가 들려왔다.

"정말 그럴까?"

그와 동시에 어디선가 커다란 빨간 공이 찬이를 향해 날아왔다. 찬이는 공을 피하려다 그만 발을 헛디뎌 몸이 휘청휘청했다. 그 와중에도 찬이는 소중한 스마트폰을 손에서 놓지 않았다. 그 모습을 본 아토가 껄껄 웃었다. 자영이도 웃음을 터뜨렸다.

"넘어질 뻔했잖아요, 아토 요원님!"

찬이가 눈을 흘기며 말했다. 두 친구의 몸에 슈퍼 기어가 나타났다. 다시 연습할 시간이 온 것이었다.

"길을 다니면서 스마트폰을 보는 건 아주 위험한 행동입니다. 참, 다음 경기 종목이 정해졌어요, 야옹! 이 경기는 찬이에게 더 힘이 들겠군요."

"제가요? 근데 조금 이따 가면 안 될까요? 게임 조금만 더 하면 골드 등급 받을 수 있는데……."

찬이가 아토 손을 잡는 걸 조금 망설였다. 그러자 아토는 손을 뻗어 찬이 손을 덥석 잡고 외쳤다.

"순간 이동!"

오렌지색 밝은 빛이 세 사람을 감쌌다.

―

"이번 경기는 지구의 올림픽 경기와 비슷한가 봐."

두 친구는 주변을 둘러보며 말했다. 지구에서 흔히 열리는 육상 경기 대회 때 보았던 커다란 트랙이 눈에 들어왔다. 쉴 새 없이 쏘아 대는 레이저나 엄청난 중력 장치 같은 건 보이지 않았다.

아토는 커다란 트랙을 순식간에 한 바퀴 돌더니 즐거운 듯 껑충껑충 뛰면서 말했다.

"이곳은 제가 가장 좋아하는 경기장입니다. 역동적으로 움직이면서 경기에 집중을 해야 하기 때문이죠. 이곳은 협응력이 뛰어난 선수가 좋은 점수를 받을 수 있는, 우주 올림픽 최고의 경기 '에너지 링 달리기'가 열리는 곳입니다! 지난 대회 때 제가 이 종목에서 최고 점수를 따서 금메달리스트가 될 수 있었죠. 두 친구도 지난 대회 때 저의 활약상을 봤어야 하는데……."

"협응력? 그건 또 뭔가요?"

찬이가 재빨리 화제를 돌렸다.

"협응력은 몸의 여러 부위를 조화롭게 움직여 효율적으로 작업을 수행하는 능력입니다. 축구 선수가 공을 자유자재로 드리블하거나, 탁구 선수가 빠른 속도로 날아오는 탁구공을 보고 반대 방향으로 공을 쳐 내는 능력 같은 거죠, 야옹!"

아토가 가지고 있던 빨간 공을 바닥에 튕겼다가 손으로 툭 쳐서 찬이에게 날려 보냈다. 찬이는 멀뚱히 보고만 있다 머리에 공을 맞았다.

"아, 깜짝이야!"

"찬이 어린이처럼 하루 종일 스마트폰만 들고 살면 협응력이 떨어지게 됩니다, 야옹!"

아토가 찬이를 손가락으로 가리켰다. 찬이가 발딱 일어나서 외쳤다.

"말도 안 돼! 내가 얼마나 손가락을 빨리 움직이는데요! 나만큼 협응력이 뛰어난 사람도 아마 없을걸요? 적어도 자영이만큼은 얼마든지 이길 수 있다고요."

찬이 말에 자영이도 발끈했다.

"흥! 너 정도는 내가 한 방에 이긴다!"

두 친구는 서로를 바라보며 으르렁거렸다.

"그럼 둘 중에 누가 이 종목을 잘하는지 알아볼까요?"
"찬성!"
두 친구 모두 동의했다.
"재밌는 경기가 되겠는걸요. 그럼 준비해 볼까요?"
아토가 손가락을 튕겨 두 친구를 트랙 위로 이동시켰다.
"잘 들으세요. 트랙을 뛰는 동안 장애물이 나타납니다. 그걸 뛰어넘어야 해요. 그게 끝이 아니에요. 여러분 앞으로 세 가지 색깔의 링이 날아올 거예요. 빨강 링은 반드시 피해야 해요. 맞으면 점수가 깎입니다. 파랑 링은 손으로 잡고 다음 장애물을 넘기 전에 다른 선수에게 던져야 해요. 그러면 그 링이 빨강으로 변해 다른 선수를 공격할 거예요. 파랑 링을 제대로 활용하지 못하면 벌칙이 있습니다."
"오, 장애물을 피하면서 공격도 하는 거군요!"
자영이의 눈이 반짝 빛났다. 아토가 이어서 설명했다.
"마지막으로 노랑 링이 날아오면 손으로 잡은 다음 재빨리 머리부터 발까지 통과시켜야 합니다! 링 색깔에 따라 다른 행동을 해야 하니 엄청난 집중력이 필요하죠, 야옹!"
"정신이 하나도 없을 것 같아요!"

자영이가 고개를 절레절레 흔들었다.
"장애물을 피하는 것도 잊지 말아야 해요."
"문제없어요! 제가 늘 하는 스마트폰 게임하고 비슷하거든요. 제가 이런 게임을 얼마나 잘하는지 보여 드리죠."
찬이가 자신만만하게 말했다.
"흥! 나한테는 안 될걸."
자영이도 지지 않고 말했다.
"좋아요. 모두 준비되었죠? 그럼 제자리 서. 출발!"
아토의 출발 신호와 함께 경기가 시작되었다. 처음에는 찬이가 앞서 나갔다.
"흥! 날 절대 이길 수 없을걸. 이래 봬도 게임 고수라고!"

찬이는 더욱 속도를 냈다. 그런데 바로 트랙 바닥에 숨어 있던 장애물이 튀어나왔다. 깜짝 놀란 찬이가 간신히 장애물을 넘는 순간, 빨강 링이 찬이 코앞까지 날아왔다. 찬이는 뒤늦게 링을 발견하고 화들짝 놀라 황급히 고개를 숙였다. 찬이가 허둥대는 사이 뒤처져 있던 자영이가 앞서 나가기 시작했다.

"에이, 정말!"

찬이가 다시 힘을 내서 달렸다. 이번엔 파랑 링이 날아왔다. 하지만 찬이는 색깔을 미처 확인하지 못하고 고개를 숙여 피하기 바빴다. 그러자 찬이

의 트랙 길이가 쭉 늘어났다. 그 바람에 자영이와 더 멀어졌다.

"빨리, 빨리!"

다급해진 찬이가 서둘러 달려 나갔다. 하지만 얼마 못 가 튀어나오는 장애물에 걸려 넘어지고 말았다. 그리고 자영이가 던진 빨강 링을 피하지 못하고 머리에 정통으로 맞았다. 결국 경기는 자영이의 승리로 끝났다. 자영이가 폴짝폴짝 뛰었다.

"이야, 내가 이겼어!"

"이럴 수가, 내가 지다니. 말도 안 돼!"

찬이가 분을 이기지 못하고 식식거렸다.

"찬이 어린이의 생활 태도를 보면 이번 결과는 당연한 것입니다, 야옹! 구부정한 자세로 스마트폰을 오래 보면 손과 발이 복합적으로 움직이는 능력이 떨어집니다. 게다가 스마트폰을 보면서 화장실에서 볼일을 보고, 밥을 먹고, 길을 걸어가는 등 다른 활동을 하다 보면 몸의 협응력이 더 떨어지죠. 협응력을 높이려면 시력도 중요한데, 스마트폰만 들여다보면 시력이 떨어지는 건 당연하겠죠? 주변의 변화에 반응하는 속도도 점점 떨어지고요. 그러니 스마트폰 중독인 찬이가 이 경기를 이길 수 없었던 것입니다."

아토의 설명에 찬이의 얼굴을 빨개졌다.

"그럼 협응력을 기르기 위해선 뭘 해야 해요?"

자영이가 아토에게 물었다.

"가장 쉬운 건 공을 이용한 운동을 하는 것입니다. 축구, 야구, 피구, 농구나 배드민턴 같은 운동도 좋아요!"

아토의 말에 찬이는 눈을 꼭 감고 스마트폰을 번쩍 들어 올렸다.

"이것 때문에 협응력이 떨어진다는 건 생각 못했어요. 이제부터 사용을……"

"하지 않겠다고?"

자영이 빙글빙글 웃으며 물었다.

"아, 아니. 좀 덜 하겠다고……"

찬이의 말에 모두가 웃었다.

아토의 체력 연구실 6

협응력 키우기

네 번째 올림픽 경기 종목은 장애물을 피하면서 공격과 방어를 모두 해야 합니다. 이 경기를 잘하기 위해서 필요한 체력은 바로 협응력이죠. **협응력은 몸의 여러 부분을 한꺼번에 조화롭게 사용하는 능력**입니다.
농구 선수가 자유자재로 드리블을 하거나 축구 선수가 골대를 향해 슛을 할 때 잘 드러나죠.

협응력이 좋으면 눈과 손, 눈과 발이 찰떡같이 호흡을 맞춰서 빠르게 반응할 수 있어요.
그래서 운동할 때도 실력을 뽐낼 수 있고, 평소에도 뭘 하든 자신감이 생긴답니다!

으악! 공으로 하는 운동은 너무 어려워!

협응력을 키우려면 민첩성과 반응 속도를 높일 수 있는 운동이 필요합니다.

※주의! 하루 15~30분 꾸준히 해야 하고, 게임 형식으로 더 재미있게 할 수 있어요.

1. 풍선 배구

딱딱한 배구공 대신 풍선으로 바닥에 떨어뜨리지 않고 튕기는 연습을 해 보세요. 친구와 함께 풍선으로 배구 경기를 하면 더 재미있게 할 수 있어요. 그러다 보면 협응력이 점점 좋아질 거예요.

2. 사다리 훈련

바닥에 줄을 사다리 모양으로 두고, 패턴을 바꿔 가며 뛰어넘는 훈련입니다. 패턴은 앞을 보고 무릎을 직각으로 들어 올리며 한 발에 한 칸씩 가기, 옆으로 한 칸에 한 발씩 이동하기 등이 있습니다. 다양한 방법으로 훈련해 보세요.

3. 공 드리블하기

농구공처럼 잘 튀는 공을 이용해 공을 튕기면서 반환점을 돌아오는 훈련을 해 보세요. 처음에는 공을 다루기 어려울 수 있습니다. 그래도 연습을 꾸준히 하다 보면 협응력이 좋아져서 좀 더 능숙하게 공을 다룰 수 있게 되고, 점차 속도도 빨라지게 될 거예요.

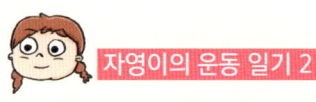 **자영이의 운동 일기 2**

운동 목표 협응력 키우기 매일 30분
주요 훈련 1. 풍선 배구 | 2. 사다리 훈련 | 3. 공 드리블하기

협응력 운동 3일 차

공하고 조금 친해졌어

오늘 체육 시간에 피구 시합을 했다. 전에는 공을 이용한 운동을 못해서 체육 시간이 정말 싫었다. 하지만 요새 열심히, 꾸준하게 운동을 해서 그런지 자신감이 생겨 열심히 뛰기로 마음먹었다. 처음에는 공이 조금 무서웠지만, 공의 움직임을 잘 보고 열심히 뛰다 보니 중간까지 살아남았다. 이제 공과 조금 친해진 것 같다.

아토를 만난 뒤 운동을 하기 시작하면서 입맛은 더 좋아졌지만 많이 먹지 않으려고 노력해서 다행히 몸무게가 늘지 않았다.

아침밥으로 블루베리와 아몬드를 넣은 요구르트와 고구마, 달걀 한 개를 먹었다. 점심시간에는 피구를 한 뒤라 배가 엄청 고팠지만 한 번만 받아 왔다. 저녁에는 현미밥과 닭고기 스테이크, 김치를 먹고 야식은 안 먹었다. 뿌듯한 하루!

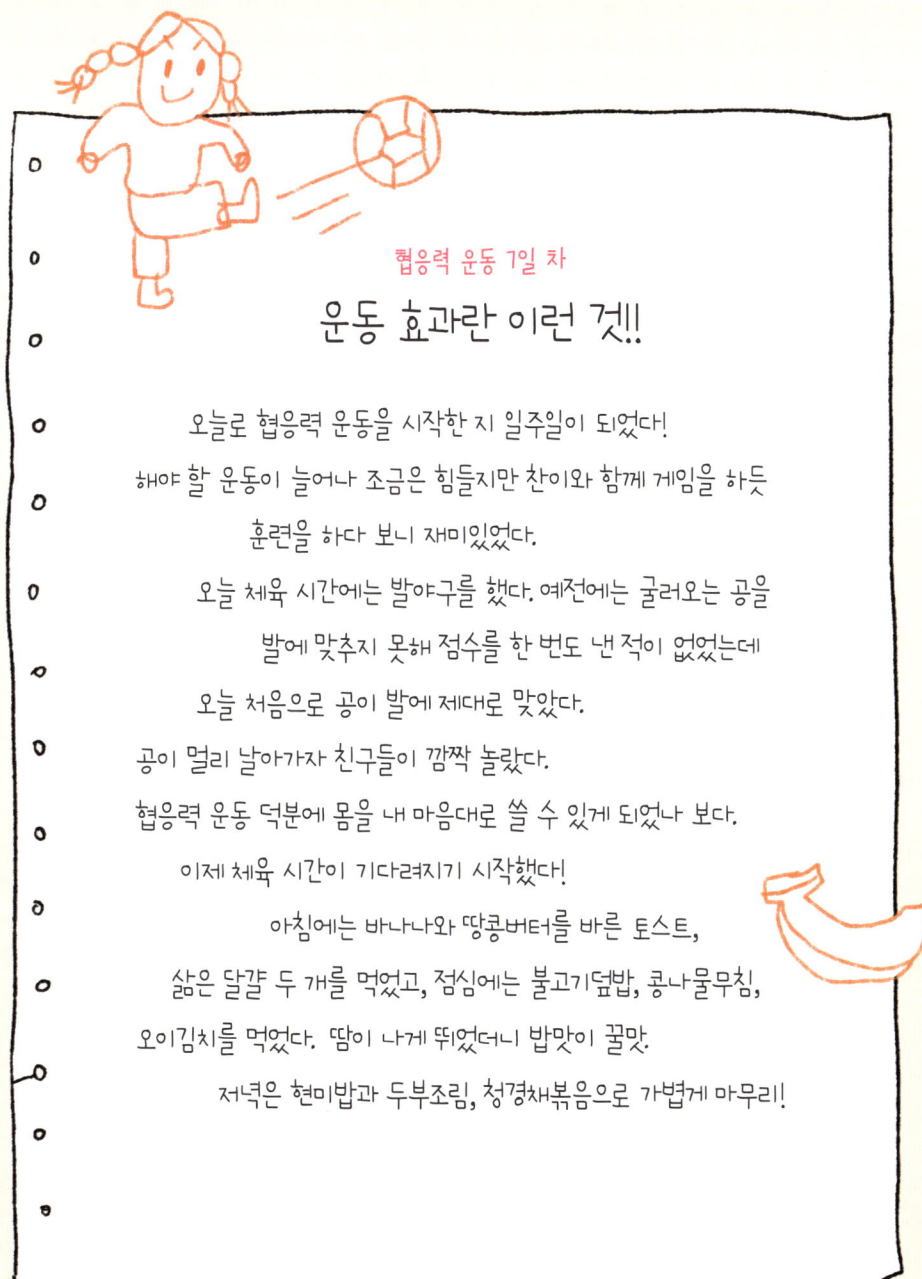

협응력 운동 7일 차

운동 효과란 이런 것!!

오늘로 협응력 운동을 시작한 지 일주일이 되었다!
해야 할 운동이 늘어나 조금은 힘들지만 찬이와 함께 게임을 하듯
훈련을 하다 보니 재미있었다.
오늘 체육 시간에는 발야구를 했다. 예전에는 굴러오는 공을
발에 맞추지 못해 점수를 한 번도 낸 적이 없었는데
오늘 처음으로 공이 발에 제대로 맞았다.
공이 멀리 날아가자 친구들이 깜짝 놀랐다.
협응력 운동 덕분에 몸을 내 마음대로 쓸 수 있게 되었나 보다.
이제 체육 시간이 기다려지기 시작했다!
아침에는 바나나와 땅콩버터를 바른 토스트,
삶은 달걀 두 개를 먹었고, 점심에는 불고기덮밥, 콩나물무침,
오이김치를 먹었다. 땀이 나게 뛰었더니 밥맛이 꿀맛.
저녁은 현미밥과 두부조림, 청경채볶음으로 가볍게 마무리!

7 꾸준히 뛰지 않으면 심폐 지구력이 꽝!

학교 끝나고 집으로 돌아오는 길에 찬이가 자영이를 잡고 물었다.

"자영아, 내일은 꼭 나올 거지?"

"알았어. 나간다니까……."

자영이는 땅을 보며 건성으로 대답했다. 찬이가 얼마 전부터 아침 조깅을 같이 하자고 해서 몇 번 나가긴 했다. 찬이에게 조깅이 얼마나 좋은 운동인지 듣긴 했지만, 자영이는 별로 내키지 않았다. 우주 올림픽 경기 날이 얼마 남지 않았다는 걸 아토에게 들었고, 체력을 기르기 위해 매일매일 운동을 게을리하지 않아야 한다는 것도 잘 알고 있었다. 하지만 하루에 30분 뛰는 건 시간 낭비처럼 보였다. 가볍게 뛰는 게 정말 체력을 기르는 데 도움이 될까?

'내일 또 늦잠 잤다고 말하지, 뭐. 그 시간에 근력 운동이나 더 해야지.'

자영이는 이렇게 생각하고 잠이 들었다.

"피자영, 일어나!"

누군가 자영이를 부르는 소리에 잠에서 깼다. 자영이는 눈도 뜨지 않고 이불 속에서 얼굴만 내밀었는데 이상하게 주변 공기가 찼다.

"아, 추워! 내가 창문을 열어 놓고 잤나?"

"피자영, 일어나!"

다시 자영이를 부르는 소리에 눈을 가늘게 뜨고 목소리의 주인공을 찾았다. 눈앞이 또렷해지자, 찬이와 아토의 얼굴이 보였다.

"뭐, 뭐야? 너랑 아토 요원님이 왜 내 방에 있어?"

자영이가 깜짝 놀라 침대에서 몸을 일으켰다.

"어? 여, 여긴?"

분명 잠들 땐 방이었는데 자기도 모르는 사이 침대와 함께 운동장에 와 있었다.

"야, 너, 오늘도 조깅 안 하려고 했지?"

찬이가 째려보며 말했다.

"뭐야, 그렇다고 날 침대째 여기로 데려온 거야? 그깟 30분 조깅이 무슨 도움이 된다고. 야, 내 침대 어떻게 할 거야?"

자영이는 화가 나서 찬이에게 소리쳤다. 찬이는 깜짝 놀라 아토 뒤에 숨었다.

"나 아니야. 아토 요원님이 이렇게 한 거라고!"

"침대는 바로 제자리로 돌려보내 드리죠. 마지막 경기 종목이 정해졌습니다, 야옹! 마지막 경기를 보면 더 화를 못 낼걸요?"

어느새 찬이와 자영이의 몸에 슈퍼 기어가 드러났다.

"자, 그럼 마지막 종목을 연습하러 가 볼까요?"

아토가 손을 내밀었다. 찬이가 그 손을 재빨리 잡았다. 자영이도 마지못해 손을 잡았다. 그러자 오렌지색 밝은 빛이 세 명을 감쌌다.

─

"여긴 온통 모래야!"

찬이가 주변을 둘러보며 말했다. 아토가 두 친구를 데려온 곳은 붉은 모래가 끝도 없이 펼쳐진 사막이었다. 세 명을 제외하고 살아 있는 생명체는 아무것도 눈에 띄지 않았다.

"여긴 그냥 사막이 아니라 에너지 사막입니다. 이 사막에서는 2초 이상 멈춰 있으면 모래가 에너지를 그대로 흡수해 바닥으로 빠지게 됩니다! 그러니까 쉬지 않고 달려야 이 사막을 벗어날 수 있죠. 우주 올림픽의 마지막 경기는 '에너지 사막 마라톤'으로, 이 경기에서 가장 필요한 체력은 심폐 지구력입니다."

"심폐 지구력요?"

자영이가 물었다. 아토가 웃으며 대답했다.

"심폐 지구력은 우리가 숨을 들이마시고 내쉬면서 에너지를 사용하는 것과 관계가 있습니다. 우리 몸은 산소와 영양분을 심장과 폐 그리고 혈액에 효과적으로 공급하며 에너지를 얻죠. 심폐 지구력은 이렇게 호흡과 혈액의 순환을 원활하게 해서 오랜 시간 동안 지속되는 운동이나 활동에 버틸 수 있는 능력을 말합니다, 야옹! 심폐 지구력이 높을수록 오랫동안 운동을 지속할 수 있죠."

"심폐 지구력을 높이려면 어떻게 해야 해요?"

찬이가 물었다.

"심폐 지구력은 규칙적인 유산소 운동을 통해 강화할 수 있습니다. 자영이가 하기 싫어하는 30분 조깅이 이런 운동에 해당하죠."

아토가 자영이를 슬쩍 보며 대답했다.

"기껏 30분 뛴다고 심폐 지구력이 좋아진다고요?"

자영이가 여전히 믿지 못하겠다는 얼굴로 물었다.

"물론 30분 조깅을 딱 한 번만 한다면 거의 효과가 없습니다. 하지만 매일 꾸준히 하면 어떻게 될까요? 그러면 우리 몸은 산소를 들이마시고 산소를 혈액에 운반하고 활용하는 과정을 반복적으로 훈련하게 됩니다. 이런 훈련을 계속하면 우리 몸에 오랜 시간 운동을 할 수 있는 힘이 생기게 되죠, 야옹! 한 달 동안 꾸준히 조깅을 한 찬이와 자주 빠진 자영이가 경기를 하면 누가 이길까요?"

"당연히 내가 이기죠! 더 이상의 패배는 없다고요!"

찬이가 준비 운동을 하며 자신만만하게 말했다.

"뭐야, 아무리 네가 한 달 동안 조깅을 했다고 해도 날 이길 수 없을걸!"

자영이가 으르렁거렸다. 아토가 미소를 지었다.

"좋습니다. 그럼 두 번째 대결이 성사되었네요. 이번 경기는 모래 언덕을 넘어 파란 깃발을 먼저 가져가는 사람이 승리합니다. 잊지 마세요. 에너지 사막에서는 멈추는 순간 에너지를 모래에 뺏기게 된다는 사실!"

"알고 있어요! 바로 시작하죠!"

자영이가 준비 자세를 했다. 몸을 풀던 찬이도 바로 준비 자세를 취했다.

"출발!"

출발 신호와 함께 자영이와 찬이가 달리기 시작했다. 아토는 파란 깃발을 들고 붉은 모래 언덕 너머로 날아갔다.

"절대 내가 질 리 없어!"

자영이는 찬이에게 뒤처질세라 힘을 다해 달렸다. 경기 초반, 자영이와 찬이의 차이가 확연하게 드러났다. 자영이는 쓱 고개를 돌려 뒤처진 찬이를 바라보았다.

"거봐, 조깅 따윈 필요 없다니까. 근데 저 녀석은 왜 저렇게 천천히 달리지?"

자영이는 고개를 갸우뚱했다. 웬일인지 찬이는 빨리 뛰지 않고 일정한 속도로 달리고 있었기 때문이다. 시간이 지날수록 자영이와 찬이의 격차는 더 크게 벌어졌다.

"좋아, 이번에도 내가 승리야!"

자영이는 더욱 힘을 내 모래 언덕을 오르기 시작했다. 그런데 모래 언덕을 오르기 시작하면서 몸에 힘이 들어갔다.

"헉헉! 오르막길이라 그런가 힘이 엄청 드네."

자영이의 호흡은 거칠어지고 심장도 쿵쾅쿵쾅 뛰었다. 가쁜 숨을 몰아쉬며 뒤를 돌아보다 깜짝 놀랐다. 한참 뒤처졌던 찬이가 어느새 자영이 바로 뒤까지 바싹 따라왔기 때문이다.

"뭐야, 언제 쫓아왔어?"

  자영이는 화들짝 놀라 더욱 힘을 냈지만, 이상하게 몸이 원하는 대로 움직이지 않았다.

  결국 자영이는 숨을 몰아쉬며 제자리에 멈췄다. 그러자 곧바로 붉은 모래가 빛을 내며 자영이의 몸속 에너지를 빼 가기 시작했다. 그와 동시에 자영이의 몸이 모래 속으로 점점 빠져 들기 시작했다. 자영이는 눈앞이 깜깜해졌다.

"어떡해, 한 발도 못 떼겠어."

  그때였다. 누군가 자영이에게 손을 내밀었다. 찬이였다.

"멈추면 안 돼! 아주 조금이라도 움직여 봐, 자영아!"

"고, 고마워!"

  자영이가 찬이 손을 덥석 잡았다. 그리고 찬이를 의지한 채 발을 천천히 움직였다. 그러자 더 이상 모래에 빠져 들지 않았고, 조금씩 앞으로 나아갈 수 있었다.

"같이 가자!"

찬이는 붉은 모래 언덕 너머 파란 깃발에 도착할 때까지 자영이의 손을 놓지 않았다.

"힘내! 이제 거의 다 왔어. 깃발이 눈앞이야. 손을 뻗어, 자영아!"

찬이와 자영이는 동시에 깃발을 잡았다. 그와 동시에 그 자리에 주저앉았다.

"이제 매일 꾸준히 하는 조깅이 얼마나 중요한지 알겠죠?"

자영이가 아토의 말에 고개를 끄덕였다.

"조깅을 꾸준히 하는 건 심폐 지구력을 기르는 데 큰 도움이 됩니다. 매일 200개씩 줄넘기를 하는 것도 좋고요, 야옹! 심폐 지구력은 꾸준히 운동해야 기를 수 있다는 것을 잊으면 안 됩니다."

아토의 말에 자영이가 고개를 끄덕였다.

"30분 조깅, 내일부터 시작. 오케이?"

찬이의 말에 자영이는 찬이에게 엄지손가락을 치켜들었다.

"오케이!"

아토의 체력 연구실 7

심폐 지구력 키우기

다섯 번째 올림픽 경기 종목인 사막 마라톤에서
좋은 성적을 거두기 위해서는 심폐 지구력이 좋아야 합니다.
**심폐 지구력은 오랫동안 운동을 해도 숨이 차지 않고,
쉽게 지치지 않게 하는 힘**입니다. 심폐 지구력이 좋아지면
우리 몸의 심장은 피를 온몸에 더 힘차게 보내고, 폐는 산소를 더
많이 받아들여서 근육이 오래오래 힘을 내게 할 수 있습니다.

축구나 농구 경기를 본 적 있죠?
선수들이 힘들어도 마지막까지
열심히 뛸 수 있는 건 바로
이 심폐 지구력 덕분이에요.
심폐 지구력이 좋으면 공부할
때도 도움이 많이 됩니다.
집중력도 좋아지고, 쉽게
지치지 않아서 오래 공부할
수 있거든요!

꾸준히 하는 건 자신 있어!

다른 운동 능력과 마찬가지로 심폐 지구력도 꾸준함이 필수죠.

※주의! 자기 체력 수준을 알고, 거기에 맞게 운동해야 합니다.

1. 자전거 타기

자전거 타기도 심폐 지구력을 높이는 방법입니다. 요새는 자전거 전용 도로가 잘 갖춰져 있는 곳이 많아요. 안전 장비를 갖추고 자전거 전용 도로에서 하루 30분 이상 자전거를 타면 심폐 지구력을 높이고 하체를 튼튼하게 하는 데도 도움이 됩니다.

2. 조깅

조깅은 천천히 그리고 꾸준히 달리는 운동으로, 심폐 지구력을 높이는 대표적인 운동입니다. 어린이들도 쉽게 할 수 있어요. 계획을 세워서 차근차근 해 봐요.

주 5회 조깅: 월~금은 조깅, 주말은 휴식 또는 가벼운 스트레칭.
1주 차: 걷기 2분 + 조깅 1분, 5회 반복 / 2주 차: 걷기 1분 + 조깅 2분, 10회 반복
3주 차: 걷기 1분 + 조깅 3분, 7회 반복 / 4주 차: 걷기 1분 + 조깅 4분, 6회 반복
6주 차: 걷기 1분 + 조깅 5분, 5회 반복
7주 차: 조깅만 25~30분 (이후 매주 1분씩 조깅 시간 늘려 보기)

3. 장애물 넘기

운동장에 있는 운동 기구나 바닥에 박스 같은 여러 종류의 장애물을 놓아 두고 점프나 기어가기, 돌기 등의 동작을 하며 이동하는 훈련입니다. 안전 고깔을 활용해 코스를 만들면 훨씬 재미있게 할 수 있죠.

찬이의 운동 일기 3

운동 목표 심폐 지구력 키우기 매일 30분
주요 훈련 1. 자전거 타기 | 2. 조깅 | 3. 장애물 넘기

심폐 지구력 운동 1주 차

꾸준함은 내가 최고

오늘은 아침 조깅을 한 지 3주가 되는 날이다. 7시에 일어나 조깅 준비를 했다. 먼저 가볍게 스트레칭으로 몸을 풀고 걷기 시작했다. 1분간 걷다가 3분간 뛰다가를 반복했다. 더운 날씨였지만 달리니까 선선한 바람이 불어와 기분이 좋았다. 처음 조깅을 했을 때는 10분도 못 뛰었다. 하지만 지금은 20분이 넘게 뛸 수 있게 되었다. 학교 끝나고 집에 와서 엄마와 하천 옆 자전거 도로로 나갔다. 평일 오후라 그런지 자전거 도로엔 사람이 별로 없었다. 처음 5분은 천천히, 그다음 20분 동안은 빠르게 자전거 페달을 밟았다. 마지막 5분은 다시 천천히 달렸다. 이렇게 마무리하니까 건강한 기운이 몸에 가득 차는 것 같았다. 포기하지 않고 운동하는 내가 자랑스럽다!

심폐 지구력 운동 4주 차

재미있는 장애물 운동

오늘은 자영이를 불러 장애물 넘기 운동을 했다.
자영이가 아침마다 혼자 조깅하는 걸 힘들어해서
오늘은 같이 운동을 하기로 했다.
　　　같이 운동을 하니까 훨씬 시간이 빨리 가는 것 같았다.
운동을 시작하기 전에 자영이와 다리 근육을 풀고,
　　　허리 돌리기와 팔 돌리기도 했다. 그리고 모아 온 상자와
쓰레기통 같은 장애물을 차례대로 배치한 다음, 천천히 한 바퀴 돌았다.
　　　드디어 시합 시작! 상자 한 칸 높이의 장애물은 두 발로
가볍게 뛰어넘었다. 아침 조깅을 빼먹은 자영이보다
내가 훨씬 빨랐다. 높이가 낮아 어렵지 않았지만, 여러 번 반복하니
숨이 차올랐다. 한 번 쉬고 상자를 두 개씩 쌓아 높이를 높였다.
그러고는 한 발로 펄쩍펄쩍 장애물을 뛰어넘었다. 자영이도 나도
　　　점점 높아지는 장애물을 보며 도전 의식이 생겼다.
운동을 끝내고 나니 땀이 비 오듯 흘렀지만, 온몸에 에너지가 가득했다.
　　　자영이는 힘들다며 투덜댔지만,
　　　　　그래도 둘 다 끝까지 해내서 기분이 좋았다.

8 나를 지키는 힘, 정신력

 시간이 지날수록 반 친구들이 찬이와 자영이를 대하는 태도가 달라지기 시작했다. 예전엔 놀이나 축구 경기에 껴 주지 않았던 친구들이 틈만 나면 찬이나 자영이를 불렀다. 오늘도 마찬가지였다.
 "찬이야, 이번 점심시간에 피구 할래?"
 "아, 나? 그, 그런데 내가 배가 아파서……."
 하지만 찬이는 이런저런 핑계를 대며 거절했다. 그런 모습을 보고 자영이가 딱하다는 듯 말했다.

"구찬이, 너 왜 자꾸 거절해?"

찬이는 한숨을 푹 쉬며 대답했다.

"그게…… 괜히 무서워서."

찬이의 대답에 자영이가 놀란 눈으로 물었다.

"무섭다고? 뭐가?"

"내 실수로 저번에 우리 편이 졌거든. 나 때문에 또 지면 어떡해?"

찬이가 고개를 푹 숙이고 중얼거렸다.

"겨우 그런 거 때문이야? 실수하면 어때, 다음에 잘하면 되지. 넌 참 겁도 많다."

자영이가 놀리듯 말했다. 찬이가 발끈했다.

"그러는 넌? 다들 너 살도 빠지고 명랑해졌다고 하는데, 왜 찬우 앞에선 쩔쩔매고 아무 말도 못해?"

자영이가 당황한 듯 말했다.

"내, 내가 뭘……. 사실 내가 찬우보다 나은 게 뭐 하나라도 있어야 말이지."

찬이는 그런 자영이를 보며 한숨을 푹 쉬었다.

"휴우, 우린 왜 이렇게 자신감이 없나?"

두 친구는 운동장 구령대에 걸터앉아 뛰노는 아이들을 부러운 듯 바라보았다.

'자신감이 좀 더 있었더라면 아이들하고 재미있게 놀 수 있을 텐데…….'

두 친구는 한숨을 길게 내쉬었다.

그때였다. 하늘이 갑자기 밤이 된 것처럼 어두워졌다. 곧이어 하늘에서 커다랗고 낮은 소리가 들리기 시작했다.

우우웅! 그 순간 두 친구를 제외한 모든 것이 정지 화면처럼 멈추었다. 찬이와 자영이가 깜짝 놀라 고개를 들었다. 그러자 학교 위 하늘에 비행접시가 떠서 빙글빙글 돌아가고 있는 게 보였다. 귀여운 고양이 모양 비행접시였다.

"아토다!"

곧이어 비행접시에서 아토가 천천히 내려왔다.

"오늘이 무슨 날인지 알고 나와 있었군요!"

아토의 말에 두 친구는 서로를 바라보았다.

"오, 오늘이 무슨 날인데요?"

찬이가 눈을 동그랗게 떴다.

"무슨 날이긴요, 바로 우주 올림픽이 열리는 날이죠."

"뭐, 뭐라고요!"

두 친구는 얼굴이 사색이 되었다.

"우린 아직 준비가 안 됐어요. 지금 경기에 나가면 메달은 커녕 꼴찌를 할 거라고요."

아토는 두 친구를 보며 고개를 저었다.

"여러분은 지금으로도 충분합니다. 그동안 꾸준히 운동해 왔으니까요. 슈퍼 기어가 두 사람의 실력을 더 높여 준다고 했던 말 생각나죠? 자신의 능력을 믿으세요!"

"그래도 우리 실력으로는……."

찬이가 고개를 푹 숙였다.

"음……, 체력은 이제 충분한데 정신력이 부족한 것 같군요."

"정신력요?"

"네, 정신력은 어려움 앞에서도 목표를 향해 나아가려는 의지, 자기 조절 능력, 긍정적인 태도입니다. 정신력은 체력과 밀접한 관련이 있어요. 정신이 건강하면 운동을 하면서도 집중을 할 수 있고 스트레스를 받더라도 이겨 낼 수 있죠. 무엇보다 운동을 하고 일상생활을 하는 데 자신감도 키워 주고요. 하지만 슈퍼 기어가 정신력까지 키워 주진 않습니다. 그건 여러분 스스로 채워 나가야 해요."

"정신력이 부족한 우리가 어떻게 올림픽에 나가요?"

찬이가 볼멘소리를 했다. 아토가 시계를 보더니 다급하게 말했다.

"시간이 없습니다! 이 비행접시를 타야 우주 올림픽 개막식에 참가할 수 있어요. 당장 출발하지 않으면 바로 탈락입니다. 지구 대표가 탈락하면 지구는……. 무슨 말인지 알죠?"

"아, 알았어요! 해 볼게요!"

찬이와 자영이는 주먹을 꼭 쥐고 작은 목소리로 "파이팅!"을 외친 뒤 아토의 손을 잡았다. 그러자 아토와 두 친구의 몸이 떠오르면서 빙글빙글 돌아가는 비행접시로 들어갔다. 번쩍! 비행접시가 빛나더니 어디론가 사라졌다.

아토의 체력 연구실 8

정신력 키우기

운동 경기에서 이기려면 몸도 튼튼해야 하지만,
마음의 힘인 정신력도 중요합니다. 운동이 힘들어도
포기하지 않는 힘, 운동 경기 중에 긴장하지 않고 집중하는 힘,
실패해도 다시 도전할 수 있는 힘은 마음가짐에서 나오는데
이런 힘이 바로 정신력이에요.

정신력도 열심히 노력하면 키워진다는 걸 기억하세요!

※주의! 한꺼번에 높은 목표를 이루려고 하지 말고 차근차근 하나씩 해 나가요.

1. 긍정적인 생각 키우기

정신력을 키우려면 긍정적인 생각과 말을 하는 것이 중요해요. 먼저 "나는 할 수 있어!"라고 스스로에게 말해 보세요. 힘든 일이 생겨도 나에 대해 실망하기보다 좋은 점을 찾으려고 노력해요. "나는 못 해!", "이거 해 봤자 무슨 의미가 있어?", "다 소용없어!" 같은 부정적인 말을 하면 정말 힘이 빠져요. 그러면 노력도 안 하게 되죠. 긍정적으로 말을 하려고 노력해 보세요. 점점 더 자신감 있는 나로 변할 거예요.

2. 감정 조절 연습하기

화나 슬픔 같은 부정적인 감정을 잘 다스릴 수 있어야 강한 정신력을 가질 수 있어요. 화가 나면 10초 동안 천천히 숨을 쉬어 보세요. 기분이 나쁠 때는 좋아하는 노래를 듣거나 그림 그리기, 산책을 해 보고요. 친구와 싸웠을 때는 화를 내지 않고 "내 기분은 이래."라고 솔직하게 말해 보는 것도 좋습니다. 감정을 참기만 하면 오히려 더 힘들어요. 감정을 적절한 방식으로 표현하는 연습도 필요하답니다.

3. 집중력 훈련하기

집중력이 좋아지면 운동이나 공부도 더 잘되고, 무슨 일이든 끝까지 할 수 있는 의지가 생깁니다. 집중력을 높이기 위해서는 먼저 집중해서 하루 10~15분 책을 읽어 보세요. 또는 1~3분 동안 눈을 감고 깊게 숨을 들이쉬고 내쉬는 것에 집중해 보는 것도 좋아요.
이런 명상 연습도 집중력에 큰 도움이 됩니다.

4. 목표를 가지고 운동한 후 스스로에게 칭찬하기

체력을 키우기 위해 꾸준히 운동을 하다 보면 힘들고 포기하고 싶을 때가 있어요. 그럴 때 힘들다고 말하기보다 "조금 더 해 보자!"라고 말해 보세요.
운동의 목표를 정하고 그 목표를 위해 최선을 다하는 것도 중요해요. 힘들다고 멈추지 말고 조금 더 해 보자는 생각을 가지면 자신감을 가질 수 있어요.
운동이 끝나면 기분이 좋아진다는 사실도 꼭 기억해요. 운동에 대한 좋은 기억은 운동을 계속할 수 있는 힘이 되어 주니까요.

5. 실패를 두려워하지 않고 도전해 보기

실패는 나쁜 게 아니에요. 실패해도 괜찮아요!
실패해도 다시 도전하면 정신력이 더 강해지고 다음에 더 잘할 수 있는
방법을 고민하게 됩니다. 운동을 할 때도 일상생활을 할 때도
실패하는 것에 대해 두려움을 갖지 말고 도전해 보세요.

6. 건강한 생활 습관 만들기

몸이 건강하면 정신도 건강해집니다. 그러기 위해서는 밤 10시 전에
자는 것도 잊지 마세요. 뇌가 피곤하면 집중력이 떨어지고
긍정적인 생각도 못하게 됩니다. 그리고 콜라나 라면 같은 가공식품보다는
신선한 채소나 과일, 콩 같은 건강한 음식을 먹으려고 노력해요.
그리고 아침밥을 꼭 먹어요. 아침밥은 뇌에 에너지를 주어 집중력을
높여 주니까요.

우주 올림픽 최종 우승자는 누구?

"지금부터 우주 올림픽을 시작하겠습니다."

사회자가 목소리를 높이자, 커다란 경기장을 가득 채운 관객들의 환호성이 울려 퍼졌다. 그 소리가 너무 커 찬이와 자영이는 손으로 귀를 틀어막았다.

"우주 올림픽 개최 행성인 프록시마b 행성 대표 크노발 선수의 선서가 있겠습니다."

사회자의 말이 끝나자마자 고릴라를 닮은 크노발이 단상으로 걸어 나왔다.

"점프 플라즈마 경기가 시작될 예정입니다. 참가 선수들은 경기가 열릴 터널 앞으로 입장해 주시기 바랍니다."

두 친구는 긴장감 때문에 굳은 얼굴로 출발선에 섰다.

"준비! 출발!"

신호가 울리자 둘은 쉴 새 없이 쏟아지는 플라즈마 레이저를 피해 몸을 낮추거나 훌쩍 뛰어오르며 달려 나갔다.

"자영아, 고개 숙여!"

찬이가 자영이에게 외쳤다.

"고마워! 점프!"

우주 올림픽 경기를 준비하며 두 사람은 쉼 없이 운동을 해 왔다. 하지만 메달을 딸 수 있을지 스스로를 믿을 수 없었다. 그런데 두 사람의 운동량을 에너지로 변환시켜 준 슈퍼 기어의 힘은 대단했다.

"마지막 터널이야, 힘내자!"

찬이와 자영이는 서로를 응원하며 마지막까지 힘을 냈다.

"경기 끝났습니다. 예상치 못한 일이 벌어졌습니다. 우주 올림픽 첫 참가인 지구 대표 팀이 1위로 도착했습니다!"

"야호! 우리가 1위야!"

두 친구는 서로 얼싸안으며 기쁨을 나눴다. 그 모습을 크노발이 지그시 노려보았다.

—

"두 번째 경기, 중력 타워 오르기가 시작됩니다. 선수들은 모두 출발선에 서 주십시오."

사회자의 목소리가 들려왔다. 찬이와 자영이는 자신만만한 표정으로 출발점에 섰다.

"내가 짓밟아 주마. 그리고 너희 지구도!"

무시무시한 크노발의 도발에 두 친구는 금세 기가 죽었다.

"눈도 못 마주치겠어. 어떡해······."

"야옹! 기죽을 필요 없습니다!"

"출발!"

슈퍼 기어의 힘을 최대한 이용해도 중력 타워를 올라가는 건 쉽지 않았다. 반면 덩치가 어마어마한 크노발은 월등한 실력을 보여 주고 있었다.

"적어도 3등 안에 들어야 해!"

"곧 반중력 장애물 경기를 시작합니다. 선수들은 입장해 주십시오."

사회자의 말에 두 친구는 힘을 내 투명한 원형 경기장으로 들어갔다. 그러자 몸이 순식간에 위로 떠올랐다. 고릴라 외계인 크노발도 반중력 상황은 적응하기 쉽지 않은지 몸을 버둥거렸다.

"자, 힘을 내자! 한 몸인 것처럼 알겠지?"

자영이 말에 찬이도 고개를 끄덕였다.

경기가 시작되었다. 위에서 장애물 벽이 내려오기 시작했다. 찬이와 자영이는 몸을 유연하게 움직여 무사히 벽을 통과했다.

"정신 차려! 이제 균형을 잘 잡아야 해!"

벽을 통과하고 바로 중력이 생기자 선수들 모두 바닥으로 빠르게 떨어지기 시작했다. 두 친구는 떨어지면서도 온 힘을 다해 양발의 균형을 맞추었다. 그리고 에너지 링 안에 정확히 두 발을 동시에 디뎠다.

"우아, 성공이야. 우리가 일 등 같은데!"

찬이와 자영이가 기뻐하며 폴짝폴짝 뛰었다. 그런데…….

"반중력 장애물 경기의 우승자는 프록시마b 행성의 크노발 선수입니다. 2위는 지구 대표 팀, 3위는……."

사회자의 말에 찬이와 자영이는 크노발을 쳐다봤다. 크노발은 당연하다는 듯 가슴을 펴고 크게 울부짖었다. 아토가 크노발을 흘끗 보며 말했다.

"아쉽지만 간발의 차이로 크노발이 먼저 바닥을 디뎠어요, 야옹! 다음 경기에서 잘하면 돼요."

하지만 찬이와 자영이는 풀이 죽었다.

"에너지 링 달리기 경기가 잠시 후에 시작됩니다. 참가 선수들은 출발선으로 나와 주시기 바랍니다."

사회자의 말이 들리자, 찬이와 자영이는 출발선에 섰다.

쉬지 않고 계속 경기를 하면서 두 친구는 점점 지쳐 갔다. 게다가 결과가 마음처럼 나오지 않는 바람에 기운이 더 빠지고 말았다.

—

"이번 경기에선 좋은 성적을 거둘 거예요, 야옹!"

아토가 힘을 북돋아 주었다. 찬이와 자영이는 고개를 끄덕인 뒤 긴장된 표정으로 출발 신호를 기다렸다.

"어떡해. 이제 다 끝났어. 우리 때문에 지구는 크노발의 지배를 받을 거야."

찬이와 자영이가 주저앉아서 울음을 터뜨렸다.

"아직 경기가 남아 있으니까 정신을 차리세요, 야옹!"

"마지막 경기는 안 봐도 질 게 뻔하다고요."

자영이가 눈물범벅인 얼굴로 소리쳤다. 아토가 고개를 가로저었다.

"야옹! 여기서 포기하면 안 됩니다. 지금 여러분에게 필요한 건 실력이 아니라 정신력이에요!"

아토의 말에 두 친구는 고개를 들었다.

"마지막 경기에서 저 고릴라 녀석을 꺾으면 됩니다. 잊지 마세요. 끝날 때까지 포기하지 않는다!"

"끝날 때까지 포기하지 않는다……."

찬이와 자영이는 천천히 아토의 말을 되뇌었다. 그러자 두 친구의 눈앞에 지금껏 운동하고 연습한 모든 시간이 영화처럼 스쳐 지나갔다. 두 친구가 우주 올림픽 선수가 된 것은 순전히 우연이었다. 억지로 연습한 것도 사실이었다.

하지만 이제는 정말 고릴라 외계인 크노발이 지구를 빼앗지 못하도록 온 힘을 다하고 싶어졌다. 머뭇거리고 주저하고 안 될 거라고 스스로 포기하던 예전 모습으로 다시 돌아가고 싶지 않았다. 더 이상 어려움과 두려움 앞에서 포기하고 싶지 않았다.

찬이와 자영이는 주먹을 꼭 쥐고 다시 일어났다.

"찬이야!"

뒤따라오던 자영이가 찬이에게 달려갔다. 이미 찬이의 몸이 모래 속으로 빠져 들기 시작했다.

"틀렸어. 우린 이길 수 없어!"

"아니야, 절대 포기해선 안 돼!"

자영이가 찬이 앞에 우뚝 멈춰 섰다. 그러고는 찬이의 두 손을 꼭 잡았다.

"우아!"

관람객들의 환호성이 터졌다.

"크노발을 이겼어!"

곧바로 방송이 흘러나왔다.

"에너지 사막 마라톤 경기의 우승은 지구 팀! 지구 팀입니다!"

하지만 온 힘을 다 쓴 찬이와 자영이는 그 자리에서 한동안 일어나지 못했다.

경기가 모두 끝나고 지구 대표 팀은 종합 3위, 동메달을 따게 되었다.

"수고했습니다, 야옹! 여러분이 반드시 해낼 거라고 믿었습니다."

아토가 자영이와 찬이에게 미소를 지으며 말했다.

"야옹! 두 친구의 체력과 정신력이 지구를 구했습니다."

10 좋은 습관이 건강한 나를 만든다

"자영아! 준비됐어?"

"물론이지!"

찬이가 부르는 소리에 자영이는 얼른 집을 나섰다. 아침 6시 30분. 두 친구는 오늘도 어김없이 조깅을 하러 나왔다. 잔소리탈출연구소 아토 요원과의 어마어마한 모험이 끝난 뒤에도 두 친구의 운동 습관은 크게 달라지지 않았다. 몸에 딱 붙어 떨어질 것 같지 않던 슈퍼 기어는 우주 올림픽이 끝나자마자 사라졌지만 체력이 우리 생활에서 얼마나 필요한 것

인지 잘 알게 되었기 때문이다.

이제 카토 행성인 아토는 더 이상 찬이와 자영이를 찾아오지 않았다. 하지만 두 친구는 서운하지 않았다. 아토가 이제 두 친구를 믿는다는 걸 잘 알고 있기 때문이었다.

"저기 있었지? 잔소리탈출연구소……."

찬이가 달리다가 멈춰 서서 잔소리탈출연구소를 처음 만난 곳을 바라보았다. 이전에 연구소가 있던 커다란 나무는 어느샌가 사라져 있었다.

자영이도 달리기를 멈추고 찬이 옆에 섰다.

"정말 여기 연구소가 있었나?"

자영이가 고개를 갸웃거렸다. 찬이가 미소를 지으며 말했다.

"그러게……. 중요한 건 우리가 아토 요원님을 만났고 그 덕분에 잔소리에서 탈출했다는 거지."

"맞아, 우리 몸도 건강해졌고 말이야. 난 다음 달부터 운동 계획서를 써서 실천해 볼까 해."

자영이의 말에 찬이가 놀리듯이 말했다.

"뭐? 너무 완벽한 걸 바라는 거 아니야? 완벽한 계획보다는 차근차근 운동하는 습관을 가지는 게 중요하다고. 나사 풀린 체력으로 다시 돌아가지 않으려면 말이야."

자영이도 지지 않았다.

"내가 만들려는 게 바로 그거라고. 차근차근 꾸준히 운동을 하는 계획서! 아마 네가 만드는 운동 계획서보다 내 계획서가 훨씬 좋을걸?"

찬이가 팔짱을 끼고 고개를 가로저었다.

"무슨 소리! 내 계획서는 아토 요원님이 봐도 엄지손가락을 치켜 세울 정도로 완벽하거든."

"뭐? 그럼 내기할래? 다음번에 아토 요원님이 다시 우리를 찾아오면 누구 계획서가 더 좋은지 뽑아 달라고 하자. 어때?"

자영이의 제안에 찬이는 빙긋 웃으며 대답했다.

"좋아, 그럼 아토 요원님이 다시 찾아올 때까지……"

찬이와 자영이가 서로를 바라보며 동시에 외쳤다.
"열심히 운동하자!"
자영이와 찬이의 조깅이 시작되었다.
"날마다 너무 급하지도, 너무 느리지도 않게 차근차근 꾸준히 해 보자."

건강한 생활 습관, 체력 기르기 습관 예시입니다. 이걸 바탕으로 여러분 스스로 계획표를 짜 보세요.

▶ 매일 지켜야 할 건강 습관

물 충분히 마시기
채소와 과일 충분히 먹기
5분 이상 깊게 숨쉬기 연습하기
아침 식사 꼭 챙겨 먹기
과자 대신 견과류 먹기
매일 9시간 이상 잠자기

▶ 매일 아래 운동 가운데 하나 골라 하기 1(건강 체력)

줄넘기 5분 이상
조깅 30분 이상
자전거 타기 30분 이상
계단 오르내리기 5분
무릎 높이까지 제자리 뛰기 20번씩 3세트

▶ 매일 아래 운동 가운데 하나 골라 하기 2(운동 체력)

순발력 운동 (예. 방향 전환 달리기 1분에 20개씩 3세트)
근력 운동 (예. 팔 굽혀 펴기 5번씩 3세트)
협응력 운동 (예. 드리블 10분씩 2번 또는 사다리 훈련 30분)
평형성 운동 (예. 눈 감고 한 발로 서기 30초씩 5세트)
유연성 운동 (예. 앉아서 발바닥 붙이기 30초씩 5세트)

 ※주의! 토요일과 일요일에는 가족들과 가볍게 산책을 하거나 친구들과 모여 장애물 경기를 하고 놀아도 좋아. 충분히 휴식을 취하는 거 잊지 말고!

▶ 매일 지켜야 할 건강 습관

▶ 내가 고른 매일 운동
 - 건강 체력

 - 운동 체력

작가의 말

포기하지 않는 마음이 중요해요

"선생님, 저 오늘 체육 안 하면 안 돼요?"

학교 체육 시간에 보면 언제나 한두 명의 아이가 손을 들고 이렇게 말합니다. 몸이 아파서 운동을 못 하는 게 아닙니다. 체육 시간에 움직이는 게 귀찮고 힘들어서 시작도 하기 전에 포기하는 것입니다.

요즘에는 밖에서 친구들과 노는 것 대신 혼자 스마트폰을 보는 것을 더 좋아하는 친구들이 늘었습니다. 그러다 보니 숨이 가쁘도록 뛰어노는 일이 많이 줄었습니다. 그런데 이렇게 스마트폰만 보면서 잘 움직이지 않고, 체육 시간에도 제대로 운동하지 않으면 피자영이나 구찬이처럼 체력이 꽝이 되고 맙니다. 그러면 자신감도 떨어지고 건강한 생활도 유지할 수 없습니다.

문제는 약해진 체력은 쉽게 돌아오지 않는다는 점입니다. 슈퍼 기어처럼 단번에 체력을 높여 주는 기계 따위는 존재하지 않으니까요.

하지만 체력은 매우 정직한 녀석입니다. 체력을 기르기 위해 노력하면 그 노력만큼 체력도 커 갑니다. 그러니 체력을 키우려면 하루하루 꾸준히 실천하는 것이 중요합니다.

"매일 규칙적으로 운동하고, 건강하게 먹고, 정해진 시간에 자는 건 너무 힘들어요."

이 책을 읽는 어린이 여러분 중에는 이렇게 말하는 친구도 있을 것입니다. 책 속의 두 주인공도 처음엔 여러분과 마찬가지였습니다. 하지만 두 친구는 포기하지 않았습니다. 힘들고 지쳐도 하루하루 조금씩 자신의 체력을 키우기 위해 힘을 모았고 덕분에 체력 꽝에서 탈출할 수 있었습니다.
　잊지 마세요. 여러분도 할 수 있습니다. 책 속 두 친구의 변화를 함께 따라가며 체력을 기를 수 있다는 자신감을 놓지 않는다면 언젠가는 활기차고 건강한 어린이가 될 수 있을 테니까요.

　작년부터 저도 체력을 기르기 위해 매일 팔 굽혀 펴기를 백 개씩 하려고 노력하고 있습니다. 처음에는 하루에 백 개는커녕 다섯 개도 못 채웠습니다. 하지만 포기하지 않고 하루에 한 개, 두 개씩 개수를 늘려 가다 보니 어느새 백 개도 거뜬히 할 수 있게 되었습니다.
　더 이상 주저하지 말고 여러분도 해 보세요. 여러분의 체력은 무럭무럭 자랄 것입니다.

2025년 여름,
이기규

잔소리탈출연구소 ❷ 나사 풀린 체력을 키워라

초판 1쇄 발행 2025년 8월 17일

지은이 이기규 **그린이** 지은
발행인 김형보
편집 최윤경, 강태영, 임재희, 홍민기, 강민영, 송현주, 박지연, 김아영
마케팅 이연실, 김보미, 김민경 **디자인** 김지은, 박현민 **경영지원** 최윤영, 유현

발행처 어크로스출판그룹(주)
출판신고 2018년 12월 20일 제 2018-000339호
주소 서울시 마포구 동교로 109-6
전화 070-5080-4160(편집) 070-8724-5194(영업) **팩스** 02-6085-7676
이메일 across@acrossbook.com **홈페이지** www.acrossbook.com

© 이기규, 지은, 쓰튜디오 2025

ISBN 979-11-6774-224-7 (73810)

- 잘못된 책은 구입처에서 교환해 드립니다.
- 이 책은 저작권법에 따라 보호를 받는 저작물이므로 무단 전재와 무단 복제를 금지하며,
  이 책의 전부 또는 일부를 이용하려면 반드시 저작권자와 어크로스출판그룹(주)의 서면 동의를 받아야 합니다.

제조자명 어크로스출판그룹(주) **제조국명** 대한민국 **사용연령** 8세 이상 **제조연월** 2025년 8월
주의 종이에 손이 베이거나 모서리에 다치지 않게 주의하세요.
KC 마크는 이 제품이 공통안전기준에 적합하였음을 의미합니다.

만든 사람들
기획 및 편집 쓰튜디오 **디자인** 박진희

* 어크로스주니어는 어크로스출판그룹(주)의 어린이책 브랜드입니다.